「モテる男」と「嫌われる男」の習慣

今井 翔
Imai Tsubasa

はじめに

突然ですが、あなたにとって「モテる」とはなんでしょうか?
多くの異性から「彼って素敵よね」と思われること?
それとも、好きな人から熱い想いを寄せてもらうこと?
もしかして、その両方——?

いずれの答えにせよ、本書を読むあなたは仕事でもプライベートでも、「変化」を手に入れたいのだと思います。**そうした「変化」を起こすにはきっかけが必要です。**

そのために、本書では多くのモテる男を登場させています。そうした人物のモデルは、私のまわりにいる実際の人物です。

私は職業柄、彼らの話をよく聞く機会があり、気づいたことが2つあります。

1つ目は、**モテる男には学生の頃から女性に人気だったタイプと、反対に社会人になってからいろいろと勉強をしてモテるようになったタイプがいること**です。

前者のタイプに話を聞いてみても、あまり参考になることはありません。無意識で行っていることが魅力となっているため、他の誰かが再現することが難しいからです。

本書では後者の努力してモテるようになった男の例を紹介しています。その方が、気をつけるべきことがわかり、自分を変えるきっかけに注目できるからです。

大切なのは、本書を通してあなた自身がワンランク上のステージにいけることです。それは職場でもっとあなたが評価されるということかもしれませんし、気になっていた異性に自信を持ってアプローチできるということかもしれません。

2つ目は、面白いことに、**モテる男も常にパーフェクトではないということ**です。

それは、人によって磨いている才能が違うからです。ですから、あなたもパーフェクトを目指すのではなく、まずは1つの分野で自分を磨いてみるのをオススメします。本書に書いてあることも、あなたが「これは使えるかも」と思った部分だけ実践してみてください。

私自身も、本書を書いている中で疎かにしていたポイントがいくつもありました。あらためて、私のまわりにいるモテる男のすごさを思い知らされた瞬間でもあります。

それでは早速、あなたがワンランク上の男性に変わる方法を探す旅へと出かけましょう。

もくじ　「モテる男」と「嫌われる男」の習慣

Chapter 1
モテる男の「伝え方」の習慣

Chapter 2

モテる男の「身だしなみ」の習慣

Chapter 3

モテる男の「働き方」の習慣

Chapter 4

モテる男の「学び方」の習慣

Chapter 5

モテる男の「遊び方」の習慣

Chapter 6

モテる男の「考え方」の習慣

○カバーデザイン　ＯＡＫ　小野光一
○カバーイラスト　Ｈｙａｋｕ

Chapter 1

モテる男の「伝え方」の習慣

01

モテる男は「一緒に楽しめる話題」を考え 嫌われる男は「ウケそうな話題」を考える

「モテたい」と思わない方が、モテる。

この言葉自体は、誰でも一度は耳にしたことがあると思います。

ではなぜ、「モテたい」と思わない方が結果としてモテるのでしょうか？


例えば、あなたの目の前に婚活中の女性がいたとします。

婚活パーティーや合コンで出会ったとしましょう。

その女性は外見にもかなり気を使っており、あなたのタイプに近いといえます。

しばらく話しているとどうやら、会話のテンポや話題についても気が合いそうです。

しかし、どうにもその女性にアピールする気にはなれません。

なぜだろう？　と考えてしばらく話していると、どうにもその人の雰囲気だったり、会話の端々に「すぐに結婚したい！」という気持ちが前に出ているのです。

あなたも結婚する気はありますが、その女性ほど「すぐすぐ！ 今すぐ！」という感じではありません。

そのため、その女性がどんなに素敵であなたのタイプでも、お付き合いしたいとは考えられないのです。

もしあなたが「モテたい」と強く思うのであれば、この女性と同じようにモテたいオーラが出てしまっている可能性があります。

とはいえ、この本を読んでいるあなたに「モテたい」と一度も考えるな！ というのは無理があるとは思います。

また人間、「考えるな」と言われると、余計にそのことを考えてしまいます。

ですので、「モテたい」という考えが一瞬頭をよぎったとしても「どうすればモテるのか、早速いろいろ試してみよう」と行動しなければ、ひとまずはセーフとしてみてください。

もちろん、相手に自分の魅力を上手にアピールしたり、話題をリードする技術は大いに役立つと思います。

「目の前の人とどうなりたいか?」を意識することも、非常に重要でしょう。

ですがそれ以前に、目の前にいる女性との時間を純粋に楽しめなければ、本末転倒です。

その女性とお付き合いできるかどうか?という結果ばかりを考えている状態では、その結果を手に入れるどころか、プロセスすら失敗してしまう可能性が高いのです。

一体誰が楽しいと思えないような人と、また会いたいと思うのでしょうか?

結果のためにプロセスを犠牲にすることは、非常に意味がないことです。

仮に、プロセスを犠牲にして得たい結果にたどり着いても、長続きはしないでしょう。

例えば、モテたいと思うあまり、ルーティンのように会話を展開してしまうことがあります。「この話題はウケそう」という下心だけで話をするだけでは、相手も自分も楽しくありません。

「自分はそんなことないぞ」と思うかもしれませんが、これは誰もがハマってしまいがちな罠です。

01 モテる男は、自分も相手も楽しい話題を探す！

モテる男は次のように考えて話題を探します。

「目の前の女性と自分、２人が心から楽しめるにはどんな話題を振ればいいだろう？」

こうした心境から出る言葉に、女性は愛を感じます。

「その腕につけているアクセサリー、素敵ですね」という一見ありふれたセリフだったとしても、声のトーンやリズムが全く違ってきます。

下心を持って言えば言葉に真実味がありませんが、心から素敵だと思って言った言葉には、相手も心からありがとうと言うことができるでしょう。

本書のステップを地道に進めば、いずれゴールにはたどり着きます。相手から「素敵だね」と言われるようになります。しかも、自分も相手も心から楽しみながらです。

モテるという結果だけを追って、プロセスを犠牲にしてはもったいないと思います。

ですので、これから出会う女性と会話する時間を純粋に楽しんでみてください。

02

モテる男は得意な話題では「相手の意見を聞き」嫌われる男は「1人でずっと話し続ける」

あなたは好きなテーマについて、興味のない人よりもたくさん知識を持っていることでしょう。多くの時間とお金をかけていますから、業界のちょっとした秘密なんかも知っているかもしれません。

そうした知識は、たしかに話をしてもらう側としては「おお～なるほど！」と思います。最初は相手も「すごい！　もっと聞かせて！」という反応をすることでしょう。

しかし、一定の時間が過ぎると「もうお腹いっぱい……」という表情に、相手は変わるはずです。これは、どんなに美味しい料理も一度に食べられる量が限られているのと似ています。

自分の得意なテーマで話すときには、あるコツがあります。

それは、適度なタイミングで相手の意見を聞くということです。

嫌われる男は相手の反応に気づかず、つい話しすぎてしまいます。相手が「もういいよ！」という表情をしているのに、嬉々として話し続けるのです。

私たち男性は女性に対して教えたがりですから、もっとも気をつけなければならないポイントでもあります。


モテる男は自分と相手の会話の量をバランスよくするため、得意なテーマであっても相手の意見を聞きます。

具体的には、「君はどう思う？」とか「これについての君の意見を聞かせて」「正解は次のうち、どれだと感じる？」などです。

意見を聞くことで、話すタイミングを相手に意図的に与えるのです。

このポイントに気をつけるだけで、相手に与えるあなたの印象はだいぶ違うでしょう。

「でも得意なテーマなんだから、今さら素人の相手の意見なんて聞く必要はないんじゃない？」とあなたは思うかもしれません。

しかしここで大切なのは、相手の意見が正しいかどうかよりも、会話のやりとりをバランスよくするということです。

自分が5割話したと思ったら、相手にも同じだけ話してもらう必要があります。そのためには、意識して相手が話す機会を与えなければなりません。

もちろん相手にとって全く予備知識のないテーマであれば、あなたと同じ分量だけ話すのは難しいでしょう。

その場合は相手があなたと同じだけ話せるよう、かみ砕いて簡単に話すのです。

もしあなたが話しているあいだに相手が全く口を挟めないようであれば、あなたの話し方は専門的すぎると言えます。

難しいことを難しいまま話すことは簡単です。

難しいことを誰でもわかりやすいように話せるのが、モテる男の1つの要素でしょう。

なぜなら、それは話を聞く相手への優れた気配りといえます。また、得意なテーマをかみ砕いて話せるほど、努力して理解を深めている証拠でもあるからです。

「自分は物知りな男なんだ！」と、女性に対してつい私たちはみえを張ってしまいたくなります。そのため理解のしにくい専門用語を使ってしまいがちですが、今度から全くの素人でもわかるように話をしてみましょう。

ちなみにこれは、仕事面でも役に立つトレーニングとなります。

なぜなら専門用語の中には、あなたが実はよく理解していなかったものがきっとあるはずです。意味を「あれ、これってなんだっけ?」と調べるチャンスになったり、より深く学習するきっかけを与えてくれます。

結果として得意なことでもさらに学習するクセがつくため、職場でもあなたは「わかりやすく説明ができる男」として重宝されます。

相手の意見が聞けるほどかみ砕いて話すということは、仕事面でもプライベートでもあなたをもっとモテる男にしてくれるわけです。

02

モテる男は、得意な話題では相手に「どう思う?」と聞く!

03

モテる男は「マナーの話題は避け」嫌われる男は「マナーの知識をひけらかす」

マナーの知識に富んでいる男性というのは、とても素敵です。上品に見えますし、スマートですから異性にもモテるでしょう。

ナイフやフォークの使い方などのテーブルマナーから、食事のときは携帯はオフにするなどの家庭のマナーまで、さまざまです。

文化によってマナーというのは異なりますから、一概に「これが正しい」というものはありません。そのため、**正しいマナーを知っておく目的は「その場を円滑に過ごすため」と言える**でしょう。

細かな部分までマナーを完璧にこなすというのは難しいと思いますが、大まかな部分を把握することは、ちょっと時間を取れば誰にでもできることです。

しかし、この「ちょっと時間を取れば誰にでもできる」というのはやっかいな事態を招いてしまう恐れがあります。

女性と食事に行ったときに、レストランでついマナーの知識をひけらかしてしまう……。嫌われる男が、ついやってしまいがちなことです。

というのも、私たち男性は得た知識をつい他人に話してしまいたがる生き物です。相手が女性となればなおさらで、「すごい」とか「知らなかった」という言葉を言われて嬉しくない男性はほぼいません。

相手が知らなくて「教えて」と言ったのであれば話は別ですが、そうでなければ考えものです。女性には「この人、自分の方がこういう場所に慣れてるって思ってほしいんだろうな」とわかってしまい、あなたの評価が下がってしまうことでしょう。

そうならないように、**マナーは学び実践するものであって、その知識をひけらかすものではない**ことを、私たち男性は気をつけなければなりません。モテる男は、この部分をよくわかっています。

他にもこのことは、例えば映画館などでも言えます。

「映画館でうるさくポップコーンを食べる人って嫌だよね。だって音がするじゃん。鑑賞中に食べる人の気がしれないよ」と一緒にデートで来た女性に言う男性がいたとします。

女性の方は、映画館でポップコーンを食べることはエンターテイメント性を高めるのにも大好きで、これまでも音を立てないように気をつけて食べていました。

しかし、その日は男性から反感を買わないか心配でポップコーンを注文できず、リラックスして映画を鑑賞することもできず、デート自体も楽しめませんでした。

女性としては彼はポップコーンの音を嫌がるので、ちょっとした衣擦れの音でも「マナーが悪い女だな」と思われるかもしれないと心配で、常に緊張していたからです。

あなたなら、こうしたケースが予想される場合はどうしますか？

ポップコーン自体は、映画館で食べることは許可されています。

たしかにあまりにうるさく音を立てて食べることはよくありませんが、どんなに気をつけてもある程度の音はしてしまいます。

このケースであれば、もともと映画館でポップコーンを食べることが許可されているので、必要以上に相手にプレッシャーを与える発言は控えるべきなのです。「まわりにも気を使える俺って素敵だろ？」という感じなのでしょうが、逆効果になってしまっています。

つまり、マナーに関する話題は、相手が振ってくるまで言わない方がベターなのです。

マナーは、同じ日本でも出身地や生まれた家庭によって相手と認識が違う場合もあります。

自分の考えを押しつけるよりも、相手の考えも尊重する方がスマートですから、関係が円滑に進むこともあります。あなたの価値観だけで話さないように注意しましょう。

意外とその人の深い部分まで影響しているマナーという分野、話すよりも黙ってこなす方が好かれる男の条件といえます。

03
モテる男は、マナーで相手に気を使わせない！

04

モテる男は「こまめに」感謝し嫌われる男は「一度だけ」感謝する

あなたは1日に、どれくらい「ありがとう」と言うでしょうか？

とにかく日本の男性は、感謝を示すことが苦手です。

本人としてはいつも「ありがとう」と言っているつもりでも、相手から見たらそうではないということが往々にしてあります。


こんな話があります。

ある男性は、自分は奥さんに対して感謝を完璧に示している！と自信満々でした。

そこで、奥さんにも本当にそうなのか確かめると、「全然そんなことはない」と言うのです。

「彼は私が家事をするのは当然だと思っているし、そのことで感謝を言われるのは年に数回です……」

奥さんの表情には、悲しみと怒り、そして諦めに似たようなものが、浮き出ていました。

これは何も、珍しいケースではありません。

そもそも、私たち人間が考える「いつも」というのはあてになりません。

この例のように年に数回でも「いつも」と考えてしまいます。


あなたは女性へのポイントは一気に稼げると思っていませんか？　肩もみは10ポイント、豪華なアクセサリーのポイントは１００ポイント……といった感じです。

しかし、残念ながら女性からするとどちらもポイントとしては変わらず、１ポイントなのです。**一度に気持ちを示すよりも、日々の生活の中でちょっとでも表現することを、女性は望んでいます。**


それに、あなたが示した感謝を、相手が常に１００％受け取れる状態とは限りません。

相手が忙しい場合は、仮に「ありがとう」と言われても聞き流してしまっている可能性もあります。

それ自体は相手のことなので、あなたがどうこうできることではありません。

ですが、1つの物事に対する感謝は、別に何度言ったっていいのです。

「あのときのミス、カバーしてくれて本当に助かったよ。ありがとう」

「帰省する際に、洋服をスーツケースに入れておいてくれたよね。ありがとう」

こうした過去の出来事への感謝は、相手としても「覚えていてくれたんだ」と感じるので、とても嬉しいものです。


それでも、感謝することが見つからない……と思う方もいるかもしれません。

しかし、**モテる男は、本当に些細なことに対しても、感謝を示しています。**

例えば、部下がエレベータのドアを開けたり、あなたに電話の伝言を伝えてくれたことに対してもです。

「部下なら当たり前だ」と思う人は、あなたの前にある善意を見逃しています。

あなたが「当たり前」と思うことは、本当は当たり前ではない可能性が高いのです。

たとえ電話のメモを残すこと自体は義務だったとしても、あなたに見やすいように配慮して綺麗な字で書いてくれているかもしれません。

また、あなたが折り返し取引先に電話をしやすいように、内容をうまくまとめてメモをしてくれているかもしれません。

これらは別に部下の義務ではなく、彼らの善意でしてくれています。

つまり、感謝できるポイントは、「想像」することでどんどん生まれます。

感謝が苦手な人というのは、「想像」することをサボっているとも言えるでしょう。

「想像」すれば、感謝を一度だけですませたり、感謝できることがないと思ったりするのはむしろ難しくなります。

そのようにして、相手の善意に気づける人がモテるのは、自然なことだと言えるでしょう。

04 モテる男は、いつでも感謝の姿勢を忘れない！

05

モテる男は「喜んで頭を下げ」嫌われる男は「頭を下げない」

私たちは日常の仕事で、ミスを発生させてしまうこともあります。

人間ですから、絶対にミスをしないというのは不可能です。

こうした謝罪のために頭を下げることは、どんな人でも経験することでしょう。


普通、頭を下げる行為を好きでやる人はいません。

しかし、モテる男は「何度でも喜んで頭を下げる」のです。

それはもちろん、謝罪のときだけではありません。

例えば、契約などが決まった際などには「よろしくお願いいたします」という意味で深く頭を下げます。


謝罪のように「マイナスからゼロに戻そうとする」ためではなく、「ゼロからプラスに向かおうとする」ために頭を下げるのです。

大事な商談が決まって頭を下げる人はいても、身近なサービスに対してそこまでできる人は少ないかもしれません。

だからこそ、それができる男は好かれます。

とくに、忘れがちなのが、サービスを受け取る側に回ったときです。

日本人には「お金を払う側の方が偉い」という意識を持っている方が多く、頭を下げることをなかなかしないのです。これは、ある意味でもったいないと言えます。

というのも、サービスを受ける際に頭を下げない人は、目の前の相手をはじめ多くの人々が「あなたにサービスを提供するため」に人生を投資していることを忘れているからです。

どんなに低価格のサービスだとしても、そこにはたくさんの人が関係しています。

たとえ、カフェで190円のコーヒーを受け取るとしてもです。

そのコーヒーをつくる人。カフェの空間を考える人。お店をつくる人。経営する人。そして、会計をしてくれる人……。

挙げていくと、キリがありません。

こうした背景まで考えられるのが、モテる男です。

そして、そこまで考えられれば、「お金を払う側が偉い」などという傲慢な考えにはならないでしょう。

むしろ、自分がサービスを受けるまでそこに存在してくれたカフェの店員や、お店そのものにも自然と頭が下がるはずです。

ですから、モテる男はサービスを提供する側でも受ける側でも、進んで頭を下げるのです。

それを見た店員の女性は、きっと「なんて素敵な人なんだろう」と思うでしょう。

また、取引先の人や上司が一緒であれば「謙虚な人だ。きっと仕事面でもさまざまな気配りができる男性なんだろう」と考えるでしょう。

心から頭を下げられる人は、このように周囲の人から高い評価を得ることができます。

もちろん、頭を下げる行為自体が偉いというわけではありません。

また、感謝できる人が偉いということでも優れているということでもありません。

大切なのは、自分が今利用しているサービスなど「すべてのものに感謝できることがあ

る」と考えられるかどうかです。

感謝できれば、傲慢にならず、謙虚な姿勢で他人と接することができるようになります。そうすれば、周囲の人もあなたといることに居心地の良さを感じるようになるでしょう。

一番身近な例として、あなたのご両親をはじめ、ご家族、恋人について考えてみましょう。あなたと接するまでに、その人を育ててくれたご先祖様や周囲の人のサポートがあるから、今目の前にその人は存在しています。

さて、あなたは今日、何回頭を下げましたか？

05 モテる男は、いつでも謙虚な姿勢を保つ！

06

モテる男は「遠慮せず」
嫌われる男は「遠慮する」

適度な遠慮ができる人は、時にはスマートに映るでしょう。

しかし多くの人は、どちらかというと、つい遠慮をし過ぎる傾向にあります。

そもそも、人は自分のことを自分以上でも、自分以下でもないとわきまえている人を、謙虚だなと思って好感を持つものです。

そのままのあなたを表現することが、モテる秘訣だといえます。

過度な遠慮は、自分以下に見せようとする行為で、周囲から見ていて、それは決して気持ちのよいものではありません。

例えば、誰かにプレゼントをもらうとき。

嫌われる男は、ついあからさまな遠慮をしてしまい、相手に不快感を与えます。

「いえいえ、受け取れません！　私にはこのようなものは、ふさわしくありません！」

もしもあなたが本当に相手を心地よくさせたいと思うのであれば、こう言ってみてはいかがでしょうか？

「ありがとうございます。こんなに素敵なものをいただけるなんて、とても嬉しいです」

こちらの方が好感を持てることは明らかです。

ここで1つ考えてみてください。

あなたが本当に遠慮しているのは、一体誰に、何に対してなのでしょうか？

もしもこの問いに答えられなければ、いっそ遠慮をやめてしまう方があなたはもっと好かれるでしょう。

遠慮して自分の考えを言えない人は、モテない男になってしまいます。

あなたも日常で「この人はきちんと自分の気持ちを伝えられているなぁ」と思う人には好感を持つはずです。

例えば、あなたのことを好きな女性がいたとします。

「○○さんって本当に優しいところが素敵ですよね」

「○○さんの他人に気を使えるところ、すごく好きです」

など、あなたに対してよいと思ったことをどんどんとあなたに伝えてくれます。

少なくとも、悪い気はしないはずです。

実は、自分の気持ちを表現することに遠慮はいらないのです。

また、恋愛だけでなく、仕事についても同じことが言えます。

あなたに次のように聞いてくる部下には、きっと好感が持てるはずです。

「私はこの仕事について思ったことがありまして、このアイデアを実行した方がより効率的になると思うんです。それについて、どう思うでしょうか？」

きっと、あなたは「こいつは自分の仕事に対して、きちんと責任感を持って取り組んでいるんだな」と思うはずです。

部下がきちんとあなたの意見を伺いたい、という姿勢を取っていることと、普段考えていることを言っているのが好感を持てるポイントです。

しかし、私たちは伝える側になると、仕事面では上司、日常生活においては友人、家族、恋人などに対して、遠慮がちになってしまいます。

本当は、あなたの気持ちや考えを正確に表現するということは、あなたが思っている以上に価値があるのです。

世界に２人として存在しないあなたの気持ちや考えには価値があり、いうなれば絶対に替えのきかない、「あなたのオリジナルブランド」です。

そんなあなたの気持ちや考えを伝えることは、「あなたのオリジナルブランドを周囲に対して売り込むこと」に他ならないということです。

これは、仕事とプライベート、どちらにおいても強力なアドバンテージを手にできることだと思いませんか？

あなたが「遠慮しすぎていたな」と思うのであれば、今日からちょっとずつ遠慮をなくしていきましょう。そうすることで、周囲の人はもっとあなたを好きになります。

06 モテる男は、自分の気持ちを正直に表現できる！

07

モテる男は「ノー」と言い嫌われる男はすぐ「イエス」と言う

相手にすぐにノーと言わなかったために後悔する恋愛は、決して珍しくないのではないでしょうか?

世の中にいるカップルや夫婦が、「たまたま近くにいたから」という理由だけで一緒になると、ふと「そういえば、どうして自分はこの人といるんだっけ?」と考えて、「このままではいけない」という考えに至り、別れてしまうケースは多くあります。

私たちの日常には、「イエス」と「ノー」を選択する出来事が多く存在します。

仕事では、あなたのもとにはさまざまな頼みごとが来るでしょう。

プライベートでは、思わぬ異性からの「付き合って」という告白だったり、親戚や友人に頼まれる結婚式の突然のスピーチだったり……。

それらすべてに対して、あなたはつい「イエス」と言ってしまっていませんか?

日本人には「なるべく、相手からの要望にはイエスと言うこと」が、良しとされている風潮があります。

実は、「イエス」と言うのは「ノー」と言うよりも非常に簡単です。

それに、相手は要望が通るので、あなたを「よい人」と見なすでしょう。

ですが、何でもかんでも「イエス」と言ってしまえば、そこにあなたの意志は存在しないことになります。

すべてのことで100%の力を発揮するのは不可能ですから、ノーと言わないと長期的に見て損をしてしまうこともあります。

以前私も、あまり得意ではなく、好きではない仕事をやってみたことがあります。

「これは本当は自分の好きで得意な仕事ではないけれど、仕事の幅を広げるためにやろう」と考えたのです。結局、相手に満足してもらえるような仕事ができず、お互いに気まずい思いをしてしまいました。

自分のできることとできないことや、やりたいこととやりたくないことを見極めることが、いかに重要であるかを痛感した出来事でした。

また、プライベートで次のような失敗をしてしまった男性のケースがあります。

告白された男性は、相手の女性に対してあまり魅力を感じていませんでした。一緒にいてすごく楽しいというわけではありませんが、友達としては今後も続くというぐらいの感じです。

ただ、「付き合っていくうちに好きになることもある」と考え、実際にお付き合いしてみたそうです。

彼は積極的に出会いを探すタイプではなく、これまでも自分の身近なところにいる人と付き合ってきました。ただし、妥協して付き合うことが多く、本当に心の底から好きで付き合うということではなかったため、長続きしなかったそうです。

結局、これまでの女性と同じように心から好きにはなれずに終わってしまったそうです。

もちろん、最初から相手のすべてを知って、「間違いなくこの人を一生愛せる！」という確信を持ってから付き合うということはないでしょう。仕事でいえば、私自身「これは面倒だから嫌だなぁ」と思うこともやらなければならないときもあります。

ですが、**それでもできる限り妥協せずに「ノー」と言うようにしてください**。そうすることが、長い目で見ると、相手と自分に利益を多くもたらすことになるからです。

断ることは、決して悪いことではありません。最良の選択肢を選ぶために必要なのです。

モテる男は、断るときにははっきりと「ノー」と言います。

ただ、相手にとってもそれが最良の選択であることを伝えるため、「私にその頼みをすることは、あなたにとってベストではありません。もっとよい選択肢があるはずです」ときちんと説明をします。

嫌われる男はこうした説明もなく、また相手ではなく自分にとってのベストしか考えません。「いえ、やりません」と結果だけ伝えるのでどうしても角が立ってしまいます。

「イエス」は「ノー」を最大限使いこなしてこそ、意味があるのだと思います。

07 モテる男は、心から「イエス」と言いたくなる物事を判断できる！

08

モテる男はダメなところを「積極的に出し」
嫌われる男はダメなところを「隠そうとする」

冷たそうな印象だった上司が、ついコーヒーをこぼしてしまい、慌ててシャツについたシミを取ろうとした……。

そうした場面を見て、「あの人も完璧じゃないんだ」と安心して、親密感を覚えたことがあると思います。**完璧な人よりもちょっとダメな部分が見える人の方が、好感を持てるのです。**

モテる男はそのことをきちんと理解しているので、自分のダメなところを無理に隠そうとはしません。むしろ、ダメなところを「愛嬌」と考えています。

人は誰でも、ある分野では天才であり、また違う分野では凡人なのです。

嫌われる男は、それを理解していません。

自分が何でもできるように振る舞い、まるで完璧な人間のように生きようとします。

ですが、すぐにほころびが周囲に見えてしまいます。自分に嘘をついているため自尊心が育たない上、周囲からの評価も低くなりがちです。


できないことや不得意なことは、決して恥ずかしいことではありません。

あなた以外の人の方が得意なわけですから、相手を尊重して依頼すればいいだけのことなのです。その際も、卑屈になって自分がその分野が苦手なことを伝えるのではなく、依頼する相手の才能を賞賛するかたちを取りましょう。

そうすることで、**相手は気持ちよく依頼されたことをこなしてくれます**。


例えば、私は文章を書くことはできますが、デザインというのは素人です。名刺をつくるという場面でも、どういった配色がよくて、どう文字を配列すればいいのかというのはよくわかりません。

以前、デザイナーの友人に作成してもらった名刺のデザインの意図を聞いてみたときには、「そんな深い意図があったのか！」と感心してしまいました。

以来、電車に乗っているときに目に入る広告がどういう意図でつくられ、どの広告が売れそうかと考えるようになりました。今後私が広告を制作会社に依頼することがあれば、以前とは全く違った視点で依頼することができるでしょう。

私の場合、名刺をつくってもらったあとに彼の努力を教えてもらいました。「名刺のロゴがとても素敵。このかたちには理由があるの？」このように、心から賞賛し、興味を持って質問したのです。

工程を褒められて質問されるのは、誰にとっても嬉しいことです。とくにデザインは、時間をかけたこだわりが素人にはわかりにくいものなのでなおさらです。

もしもここで私がデザインについても知識があるという姿勢で友人と話をしていたならば、こうはならなかったと思います。**「ぜひデザインについて教えてほしい」という謙虚な姿勢があったからこそ、深い知識を得られたのでしょう。**

また、プライベートではこんなこともありました。

以前の私は恋人と旅行先に行くときは、完璧にエスコートしなければならないと思っていました。ただ、初めて行く土地で完璧にエスコートすることは、難しいことです。

しかし当時の私は「完璧でなければカッコ悪い！」とばかり考え、道に迷いでもしたならばイライラしたりすることもありました。そんな雰囲気が恋人にも伝わったのでしょう。恋人から一言、「こういうハプニングも楽しんだら？」とアドバイスをもらいました。

それ以来、道に迷ったときには「ごめん、迷ったみたい。ちょっとコンビニで聞いてみていい？」と正直に言うようにしています。

道に迷ったことを隠して時間ばかり過ぎてしまうことの方が、相手にカッコ悪いと思われていたのです。

人にはそれぞれ、得意・不得意な分野があるというだけのことです。たとえ、苦手なことでダメなところを素直に言えば、相手は喜んで協力してくれます。

失敗してしまったときも、落ち込まずに楽しむ努力をしましょう。

08
モテる男は、ダメなところを愛嬌だと考える！

Column

デートの成功率アップ！「イメージング」

仕事面では商談やプレゼン、プライベートでは異性をデートに誘う際など、さまざまな場面で使えるテクニックがあります。

目標を達成している自分を想像してみてください。こうすることで、顔つきや行動、考え方が「目標達成した自分」と同じになり、成功する確率が増えるというテクニックです。優れたスポーツ選手は、大事な試合だけでなく練習のときにも自分がうまくプレイしている姿をイメージしていると言います。

うまく想像できないようであれば、あなたの心に何かしらひっかかりがある可能性があります。何が準備不足なのかを知るよいチャンスです。原因を解明して、成功する確率を高めましょう。

コツとしては、五感を使ってイメージすること。

もしデートの成功率を高めたいのであれば、例えば次のようにイメージをします。

あなたはばっちりと髪型を決め、事前に買っておいたデート服を着て出発。ランチの最中、彼女との会話は途切れることがありません。彼女の笑顔はとても輝いていて、声も心なしかいつもより弾んでいます。ランチのあとに彼女の手をさりげなく握ると、彼女も自然とあなたの手を握り返してくれました。

……いかがでしょうか？ 成功するデートをイメージできたあなたは、以前よりも自信にみなぎっているはずです。ぜひ、大切なデートや商談の前にはイメージングを活用してみてください。

Chapter 2

モテる男の「身だしなみ」の習慣

09

モテる男は「ファストファッション」で安心感を与え
嫌われる男は「ブランド」で高級感を出す

ファッションというのは、あなたがどういう人物なのかを相手に一目で知らせることのできる、非常に強力なツールなのです。

ですが、ファッションをおろそかにしてしまえば、逆効果になってしまいます。

以前、私が男性向けにコミュニケーションについてのセミナーを開催したときのことです。

「いつ買ったんだろう？」と思うほどよれよれの服を着た方や、学生が着るようなファッションの方がいました。

また反対に、「お金持っています！」というアピールがしたいのか、全身ブランドで固めていた人もいました。ブランドロゴだらけの服というわけではなくても、一目で「これ、高い価格帯の服なんですよ」という雰囲気のある人です。

もしかしたら、「高い価格帯の服を買えるっていうことは、経済力のアピールになるんじゃないの？」と思うかもしれません。

しかし、結局そういったアピールであなたになびく女性というのは、あなた自身の中身についてはあまり興味がないものです。

モテる男は、そういった外側よりも自分の内面をファッションで表現しています。

さて、それでは一度考えてみてください。あなたのクローゼットの中にあるファッションは、あなたという人物を表現するのに、本当にふさわしいでしょうか？

少なくとも、多くの人は第一印象を重視するので、第一印象がよくない人に対しては心を開きません。

仕事だけでなくプライベートでも、同様のことが言えます。

デートで異性と会う際には、あなたがどういう人物なのかを一目で理解できるような、ファッションを用意しましょう。

繰り返しになりますが、**ファッションは決して高級である必要はありません。**個人的には、いわゆるファストファッションでも、十分だと思います。

以前、友人が婚活パーティーに行ったときに全身ファストファッションのコーディネートで行ったそうです。しかし、問題なく女性とマッチングすることができました。かなりファッションにこだわった男性参加者もいたようですが、そこまでお金をかけなくとも十分に結果を出すことができたのです。


もし好きな女性が落ち着いた家庭を築きたいと思うタイプであれば、初めてのデートで「この人は安心感を持って接することができる人だ」と感じてもらう必要があります。

デートの際には、冬であればキレイめでざっくりしたニット素材の服だったり、厚手のジャケット、革靴などを履いて行くといいでしょう。

反対に、季節感のない服装で、ぼろぼろのスニーカーを履いて行けば、相手に「この人は大丈夫かな?」と思われてしまいます。


ある程度のトレンドは取り入れつつも、ベーシックな服を着るなどをするといいでしょう。デニムのパンツであれば、細すぎず太すぎず、ストレートのシルエットを選ぶなどすれば、外れることはありません。

決して多くのお金をかける必要はないのです。

安心感をアピールするなら、相手が見たときに思わず「あ、この人はゆっくり話してもいいかも」と思えるように、ベーシックな服を着る必要があるということです。

誠実さをアピールしたいのであれば、生地のしっかりしたカジュアルジャケットが1つあればだいぶ違います。


もし今まで「服なんて着ることができればいい」くらいに思っていた方は、ぜひ今日から相手にどう思われたいのかを考えて服を選んでみてください。

ファッションを変えるだけで、女性から好印象を持たれるはずです。

09 モテる男は、磨いた内面をファッションで表現する！

10

モテる男は「女性ファッション雑誌」を読み 嫌われる男は「男性ファッション雑誌」を読む

モテる男というのは、いつも何かしらの意図を持って選択しています。

それは、服装についても同じです。

一見して何気ない服装だったとしても、そこには意図があるのです。

例えば、モテる男はいつもと同じスーツだったとしても、ちょっとしたポケットチーフを挿すことで華やかさを演出します。

それは、プレゼンの場で少しでも自分を鼓舞するためだったり、オシャレまで気を配れるという余裕を示すためという意図があるのです。

プライベートでは、TPOやデートをする相手に合わせてファッションを決めています。

ちなみに、相手が女性であれば、期待しているファッションを簡単に知る質問があります。

相手に「普段どんなファッション雑誌を読むの？」と聞いてみてください。

この質問は、そんなに高いハードルではないはずです。この質問で相手が普段接している情報を知ることができます。

読んでいる雑誌やよく見るテレビ、好きな俳優さんなど。これらを聞き出すことができれば、傾向がわかるはずです。

実は、男性のファッション雑誌を読んでそれを真似するよりも、相手の女性が読む女性のファッション雑誌を読む方が、よっぽど好感を持たれやすい服装ができます。

その証拠に、女性のファッション雑誌に出てくる男性は、みな似ている服装の人が多いです。キレイ目な格好の女性向けの雑誌であれば、男性も同じようにキレイ目なはずです。

このようにファッション雑誌からも、あなたが意図すべきファッションをリサーチできます。簡単ですので、ぜひ試してみてください。

熟考したファッションであれば、相手にそのプロセスからくる熱心さも伝わります。少なくとも、何も考えずに選んだファッションよりも、深みを増すことでしょう。

・何のために今日、この服を着るのか？
・相手に与える印象はどうか？
・相手の期待する自分の像に合っているのか？

例えば「権威性を表現するためにこのコーディネートでいく」「親しみやすさを感じてもらうために、今日はワンポイントを抜く」。

このような意図をもって服を選んでみましょう。

手持ちの服の組み合わせを考えるのにかかる時間は、5分程度でしょう。

今日のあなたの結果が変わるのであれば、十分に投資すべき時間ではないでしょうか？

人によっては、カジュアルよりもドレッシーな格好の方が似合う人もいます。

似合う服はその人のキャラクターやオーラ、セルフイメージにもよります。

それほどにファッションは本来、奥深いものなのです。

何の意図もなくファッションを選ぶというのは、そうした魅力的なあなたのキャラクターを殺しかねません。

もちろん、365日24時間すべてのファッションを考える必要はありません。完璧を求めると疲れてしまいますし、何も考えずに、ただ目の前の床に置いてあった服を着る日があってもいいと思います。

ですが、**あなたという人物を売りこむ大切な日には、ぜひ「このファッションをする意図は?」と自分に問いかけながら服装を選んでみましょう。**

そうすることで、同じ人物でもより魅力的に相手には映ることでしょう。

10 モテる男は、相手に与える印象を考えて服装を選ぶ!

11

モテる男のファッションは「基本から攻め」嫌われる男のファッションは「応用で攻める」

どのような分野でも、人はどうしても背伸びしようと思い、応用に意識がいってしまうものです。ですが、本当に大切なことは往々にして基本にあります。

ファッションも同じで、モテる男は基本を大切にしているのです。

私はファッションの専門家ではありませんが、学生時代にオシャレに目覚めてアパレルのショップで働いたこともありました。

そのときに「本当にオシャレな人は、自分に似合う服を知っていて、基本的なアイテムを揃えていくんだ」ということを学びました。

それまでの私は、いかに個性的で変わったアイテムを着るかがオシャレなのだろう、と思っていたのです。

素材やディテールに凝って個性を出すのもいいのですが、それ以前にシルエットやアイテム選びなどの基本を間違ってしまっては意味がありません。

基本のファッションとは、すなわち「身の丈に合った価格帯」「着回しのきくベーシックなアイテム」「サイズが合っていること」の3つの条件を満たしているということです。

身の丈に合った価格帯については、これまでにお伝えしてきました。ブランドもので固める必要はないということです。

まずはあなたのサイズに合い、ある程度着まわしのきくアイテムを揃えましょう。ベーシックなカットソーやシャツ、ジャケットやデニムパンツなど、芸能人などスター性を求められる職業でない限り、それで十分です。

この項目の中で特に重要なのはサイズです。

ファッション熟練者であってもサイズ選びを間違うそうです。それほどに、本当に自分に合っているサイズの服を選ぶというのは難しいといえます。

であれば、私たちファッションの素人であればなおさらサイズ感というのは気をつけて選ぶべきです。

同じSサイズだったとしてもブランドによってアームホールの細さや丈の長さなどは異なります。

最初の頃は、どういったサイズが自分に合っているのかがよくわからないと思います。そういったステージの方は、ぜひお店の店員さんにサイズを測ってもらったりして、プロの意見を聞くようにしてください。慣れてくれば、大体の自分のサイズがどのお店においてあるかわかるようになるでしょう。

また、年齢や体型によって似合うサイズ感というのは異なります。

がっしりした体型の人があまりに細身アイテムで固めたコーディネートだと、ちょっといやらしい感じがしてしまいます。

逆に、ガリガリに細い人がゆったりしたアイテムばかりのコーディネートでは、少しだらしなくなってしまいます。

ファッション雑誌では、こうした体型別で似合うアイテムのサイズ感が特集されることが多いですから、チェックしておくといいでしょう。

今では笑い話ですが、私もこのサイズ選びで失敗したことがありました。

私は筋トレなどで体つきが変わったのですが、学生の頃と同じSサイズの服を着続けていました。

しかし、体よりも小さめの服を着続けていたためか、必要以上に肩がこったり疲れてしまうという状態に悩まされるようになりました。試しにMサイズの服を着てみるとすごく楽になり、身長的にも大丈夫だったため、以後基本的にMサイズを着るようにしています。

このように、トレーニングなどの日々の習慣でもサイズが変わることもあります。

昔買った服が似合わないと思ったら、もしかするとサイズの変えどきかもしれません。

ファッションの基本を押さえておけば、あなたの磨かれた内面をより一層際立たせてくれるでしょう。

11 モテる男は、3つの基本を大事にする!

12

モテる男は「似合う服」を着て嫌われる男は「好きな服」を着る

先に断っておきますが、好きな服を着るな！ということではありません。
その人の人生が豊かになるのであれば、どんどん好きな服を着てほしいと思います。
今回の項で私が提案したいのは、「あなたに最も似合う服を着る」ということです。
似合う服というのは、人柄や目の色、雰囲気などに合う服のことです。
例えば人柄については、長所や短所を含めたものです。
人によっては、今の時点では似合う服が不本意な場合もあるでしょう。
しかし、**似合う服が示すものは、まわりから見たその人のキャラクターです。**

例えば私はオフの日にはスウェットやジャージ素材の服を着たりしますが、「全く想像できない」とか「絶対に似合わない」と言われます。
それよりも、ジャケットや襟付きのシャツなど、もっとかっちりした服装が似合うと言われます。

スウェットやジャージ素材の服のコーディネートではかなりの違和感を相手に与えることを学習して、オフでも誰にも会わない日にしか、あまりリラックススタイルはしないようになりました。

私とは反対に、Tシャツやデニムなど、カジュアルスタイルが似合う人もいます。

これはどちらがいいというわけではなく、あくまでその人のキャラクターによるのです。

私でいえば、カジュアルで親しみやすいというよりも、専門的な分野について教える講師をイメージさせる服が似合います。

事実、現在の人に教える仕事は天職だとも感じています。おそらく、そうしたセルフイメージが自分に似合う服に影響を与えているのでしょう。私の場合は、スーツスタイルやジャケパンスタイルだと力がみなぎりますし、人から好感を持たれやすいということです。

しかし、どんなに私がラフな服装が好きだとしても、相手からもらう感想は「似合わないね」なのです。

あなたにもきっと、似合う服と似合わない服があると思います。

もちろん、ある程度は似合わないと思う服でも、工夫次第で似合うように寄せることはできるでしょう。ですが、「バッチリ似合う！」という感じにはならないと思います。

反対に言えば、似合う服を覚えておけば、あなたがより好かれるキャラクターが明確になります。

もしあなたが今、全くスーツスタイルを必要としない職業だったとしても、かっちりとした服が似合うのであれば、そのキャラクターを活かした職業を選ぶのもいいと思います。収入が増えたり出世したりして成功する可能性が高いからです。

これは、自分が好きな服を着ているだけでは、なかなか発見できません。たまには好きな服だけでなく、他の服にチャレンジしてまわりの人に似合うかどうか聞いてみましょう。思わぬところで、出世のチャンスをつかめるかもしれません。

「そうはいっても、何を着たらいいかわからない」という人もいるかもしれません。

実はそれは、まわりから見た自分を知るチャンスと言えます。

自分に似合う服というのは、先ほども言ったように自分の人柄や雰囲気、セルフイメー

ジが影響を与えています。

あなたのことをよく知る友人や同僚などに「俺ってどういう服が似合うかな？」と聞いてみてください。初対面の人と会ったときは、ある程度の期間が経って打ち解けてから「私の第一印象ってどういった感じでしたか？」と聞いてみてください。

あなたのことをよく知る人たちとは、全く逆の感想が返ってくることも珍しくないでしょう。**教えてもらったキャラクターに合う服装を、いろいろ試してみてください。**

そして、試す中で最も評判のよい服装が、あなたに似合う服装であり、キャラクターです。

このように、モテる男は自分のキャラクターを分析して似合う服を着ます。

反対に嫌われる男は自分のキャラクターを分析することはせず、ただ着たい服を着るだけで終わってしまうのです。

12 モテる男は、自分のキャラクターを分析して、似合う服を知っている！

13

モテる男は「笑顔を大切にし」嫌われる男は「笑顔を大切にしない」

笑顔というのは、見ている人を安心させます。

たとえそれが作り笑いだったとしても、好意を示すものですから、ないよりはあった方がいいというものです。

一日中職場でずっと無表情でいるよりは、笑顔を向けられる人の方が人気が出ます。

とはいえ、「楽しいことがないのに、笑うのは嫌だ」という人もいるでしょう。

私自身もそうしたタイプの人間なので、気持ちがよくわかります。

いくら笑顔を見せると好印象だとわかっていても、なんとなく嘘くさくて嫌な気分になってしまう……。

「楽しいから笑うのではなく、笑うから楽しくなる」ということがわかっていても、何もないのにいきなり笑えない……。

そうしたタイプの人には、私は無理に笑うことをオススメしません。

というのも、このタイプの人たちは感情表現をとても大切にしているからです。

つまり、偽物の感情を外に出すよりも、本当に自分が感じていることを外に出したいと思っています。

ですから**このタイプの人には、私は作り笑顔の代わりに、あなたが心の底から楽しいと思ったことに対してだけ、存分に感情を表現することをオススメしています。**

「え、でもそれじゃあなかなか自分は笑わないけど……」と思うかもしれません。

しかし、それはそれで、いいのです。

あなたは感情を大切に扱い、１００％楽しいと思えることしか笑わないだけです。そのこと自体は、とても素敵なことです。自分にも他人にも、誠実だということですから。

あなたもきっと、よく笑う人よりも、なかなか笑わない人を笑わせてみたいと思う瞬間が、これまでも一度はあったことでしょう。

普段あまり笑わない人が、ふと見せた素の笑顔というのはとても魅力的です。

レアな笑顔なので「また見たい！」とあなたにファンがつく可能性もあります。

あなたの笑顔を見たいと思っている人が、たくさんいると思います。

他人を安心させる笑顔は、たしかに作り笑いでもいいのかもしれません。でも、偽物の笑顔ばかりだと、まわりもすぐにそのことに気づいてしまいます。

人間というのはとても敏感で、その人が本当に楽しくて笑っているのか、そうでないのかを見抜けます。

ですから、愛想笑いができる人も、ぜひ今後は本当の笑顔を増やせるようにしていきましょう。

しかし、営業職や販売職の人などは、笑顔でどうしても相手に好印象を与えたい！という場面が多いでしょう。

次のように笑ってみると、本当の笑顔に近づくと思います。

笑顔をつくらなくてはと思ったら、相手に笑顔を向ける理由を考えてみてください。

「それは商品を売るためですよ」と思うかもしれませんが、それは結果です。

実際のところは「相手に安心してもらうため」というのが最も大きな理由かと思います。

初めて会ったときに笑顔を向けられれば、多くの人はあなたの話を聞こうかなと思うでしょう。その笑顔にあなたの愛情が含まれていれば、なおさらです。

「自分は相手に安心して話を聞いてもらいたい。笑顔を見せれば、相手は安心して質問もしやすくなる。だから、自分が笑顔をつくることは、相手のためにもなるのだ」

このように考えることができれば、**あなたは単なる愛想笑いをする同僚よりも、より深い慈愛に満ちた笑顔になっているでしょう。**

つまり、笑顔は自分のためというよりも、相手に対する愛情が大切なのです。

13 モテる男は、笑顔を向ける理由を考える!

14

モテる男は「自分のために」身体をつくり 嫌われる男は「他人のために」身体をつくる

身体づくりといっても、「マッチョになれ！」ということではありません。

その人の性格や雰囲気に合った体型というのがありますし、生活習慣や年齢などによる体重の増減についても、1つの味だと思っています。

つまり、あなた自身がマッチョになりたいのか、ちょっと太めな感じになりたいのかが**モテる男は、自分のなりたい肉体を実現するために身体づくりをします。**

大切なのです。

逆に嫌われる男は、他人に好かれるために身体づくりをしようとします。

「別にモテるために身体づくりをするのは、健全なんじゃないの？」とあなたは思うかもしれません。

私の知人に、まさにそうした理由で筋トレをしていた男性がいました。彼の身体は実にバキバキ。無駄な脂肪がついていなく、ボディービルダーかな？と思うぐらいの肉体でした。

腹筋が割れたり胸筋が盛り上がっている上半身を見せてもらったとき、彼は着痩せするタイプだったので非常に驚いたのを覚えています。

大勢の友人や彼の気になっている女性の前で、彼はその鍛え上げられた肉体を披露しました。

そこまではよかったのですが、問題は彼の表情。彼は「どう⁉ 俺の筋肉！」とこれ見よがしな感じだったのです。「ほれてくれるよね？」という彼の視線が、気になっている女性に刺さっているのがその場にいた全員がわかりました。

結果はもちろん惨敗。「なんか逆に筋肉が気持ち悪い」とまで言われてしまいました。

彼の場合はとてもわかりやすい例ですが、このように他人からモテるために身体を鍛えると、ふとしたときに下心が見えてしまいます。ある程度は仕方ないかなとは思いますが、それだけがモチベーションというのは考えものです。

「君に好かれるために身体づくりをしたんだ！」という思いは、相手からすれば重たいものになってしまうからです。むしろ、今のままで好きになってもらう方法を考える方が健全だといえます。

問題は、なんとなく「自分の理想とは違う」と思ってしまう身体つきの場合です。

例えば、鏡に向かって自分の身体を見たときに、お腹のだぼついた肉が気になり「だらしないなぁ……」と思ってガッカリする。たとえパートナーが「その身体でも十分魅力的だよ」と言ったとしても、本人が納得していなければ意味がありません。

つまり、他人が何と言おうと、自分の身体に満足していないのであれば、身体づくりをすべきなのです。

モテる男はまさに、自分自身が自信を持てる体型を目指します。努力できる範囲で自分の理想に近づき、自分に自信をつけるために身体づくりをするのです。

具体的には、例えば「腹筋を割りたい！」と思うのであれば、1週間のスケジュールの中に筋トレの時間を何日か取る。単純に、「ちょっと体重がオーバーしているかも？」と思えば、暴食気味だった食事をヘルシーなものに変えていく。

シンプルですが、これだけで身体づくりは完了です。

こうして自分で体型をコントロールできているというのは、大きな自信になります。

自信のある人には、他人は強く引きつけられるものです。

14 モテる男は、自分に自信を持てる体型を目指す！

とはいえ人間ですから、ときにはサボってしまう自分を許すことが大切です。

重要なのは、やり続けることです。 一時的に素晴らしい体型になったとしても、また戻ってしまっては意味がありません。長期的に自分が好きな体型になることを目指し、無理のない自分に合った方法を実行するべきです。

世間一般で流行っていて、多くの人にあてはまる身体づくりの方法でも、自分に合わないという場合もあるでしょう。

例えば私の場合は、無理な糖質制限のダイエットでは長続きせず、ただただイライラするだけでした。反対に、食事については制限を設けず、そのぶんトレーニングの量を充実させるという方法がハマり、今も身体づくりを続けられています。

相手は、たとえ身体づくりの途中だったとしても、目標を追いかけるあなたに魅力を感じるでしょう。ですから、無理なくできる方法を模索するべきなのです。

まずは、自分のなりたい身体づくりについて考えてみることをオススメします。

Column

行動を変える！「スケーリング」

「長い間、一生懸命に婚活しているのに、うまくいかず、気分が乗らない。何から手をつければいいんだろう……？」

このように、婚活に対してモチベーションが低下気味な方などに対して私が使うスキルが「スケーリングクエスチョン」です。

改善することが何かわからない場合、ある物事に対して点数をつけてみてください。点数として見えることで、具体的な改善策が思いつきやすいのです。また、「点数を１点だけ上げるには？」と考えれば、実行へのハードルも低くなるため、着実に行動を変えていくことができます。

先ほどの例なら、次のように婚活状況に点数をつけてみます。

「今の状態は、10点満点のうち５点かな」「５点の理由は、月に２回は合コンができているから」「あと１点だけ点数を上げるには、友達に紹介を頼むくらいならできそうだな」。

このように今できていることにプラスして、少しでもできることを発見できます。今の自分ができていることに気づくことで自信を持ちながら、着実に状況を変えていくのです。

この方法が優れているのは、慣れてくればひとりでもできることです。１人でやりにくいときには、友人に質問してもらってもいいでしょう。「どうすればもっとよくなるかな？」と困ったときに、ぜひ使ってみてください。

Chapter 3

モテる男の「働き方」の習慣

15

モテる男は「たまに」期待以上の仕事をし 嫌われる男は「いつも」期待以上に頑張る

さりげなく「これ、やっておいたよ」と言えるのはモテる男です。

相手に「ちょうど頼もうと思っていた」とか「そこまでやってくれるなんて」と思わせることができれば、あなたは性別や立場に関係なくモテるでしょう。


相手の期待以上に仕事ができると、それはそのまま評価に反映されます。

しかし、常に相手の期待を超えようとすれば、嫌われてしまうのです。

期待というのは、この世で最も「重い」ものだと私は考えています。

その期待を超えないという選択肢は、期待している時点で相手の中ではほぼありません。

期待通りか、それ以上か。失敗が許されない状態といえるでしょう。

モテようとして、相手の期待を必要以上に超えようとする姿勢は素晴らしいですが、長続きはしません。

無理をしていると、いずれ疲れてしまった気持ちが顔にも出て、結果的にモテるとは言えない状態になってしまうでしょう。

ですから、**本当は相手が全く期待をしていないときがチャンスだといえます**。

普段のちょっとした小さな仕事でプラスアルファをするのです。

1. メールの追伸部分で相手を気遣った言葉を挿れてみる。
2. 残業で疲れている同僚の仕事を手伝ってあげる。

1のメールがたとえ業務連絡だとしても、追伸に「今日のプレゼン頑張って！」などと入れると、相手は自分のことを気に掛けてくれたんだと思って嬉しくなるでしょう。

2の状況であれば、「お疲れ様、この部分だけやるよ！　その方が俺も早く上がれるからね」と相手がやってもらうことを負担に思わない程度に言ってみてください。

私であれば、コーチングのクライアントが目標を達成したときに、ちょっとしたプレゼントを贈ることもあります。プレゼントといっても、ペアで使えるマグカップやワイングラスなど、せいぜい数千円のものです。

クライアントが「異性とお付き合いをする」という大きな目標だけでなく、「異性とデートをする」という小さな目標を達成した場合にも、プレゼントを贈ることがあります。

相手としては「ついにやりました、今井さん！」と結果を報告するタイミングで、私からプレゼントがもらえるとは思ってもみなかったようで、とても喜んでもらえました。

このプレゼントが功をなしたのか（？）このクライアントは、さらに頑張りを見せて半年間のコーチング期間を終えてすぐに入籍するという、私としても嬉しい結果を出してくれました。

もちろん事前にプレゼントをあげるとは一言も伝えませんし、目標達成をしていないタイミングでも、何か行動のヒントになるようにつくった小冊子をプレゼントすることもあります。

あくまで相手が何も期待をしていないタイミングであげるのが、ポイントです。

このようにいつもではなく、たまにプラスアルファするような感覚でやってみましょう。
そうすれば、相手の期待も必要以上に上がらず、あなたも心が楽な状態でいられます。

そして、あなたが本当に「プラスアルファの仕事をしたい」と思ったときに、相手の期待を超えるかたちで仕事をすればいいのです。

そして、そんな素敵な仕事ができる自分を、前よりももっと好きになることができるでしょう。

モテる男は、相手から好かれるためにプラスアルファの仕事をするのではありません。

あくまで、あなた自身が「そういうことをする自分は好きだな」と思えるからするのです。

相手の感情や評価は、決してあなたがコントロールできるものではありません。しかし、あなた自身については、ある程度のコントロールができます。

持続して仕事の面でもあなた自身を好きでいるために、プラスアルファの仕事を今日からしてみてください。

15 モテる男は、相手に期待されていないときこそ一手間をかける

16

モテる男は「１００％」責任を感じ
嫌われる男は「10％」責任を感じる

よく、「これは俺のせいじゃない！」と責任を他人に押しつける人がいます。

本当にその人に責任がないとすればいいのですが、大抵の場合は、押しつけようとする本人にも多少の責任があるものです。


ところで、責任というのは非常に面白い側面があります。

人は「責任を取る」と思っていると、不思議と取ろうとした責任分のパワーがわいてくるのです。

自分には、10％しか責任がないと思っているのであれば、その程度しかパワーがわいてこないものなのです。

１００％のパワーの人と、10％のパワーで仕事をしている人。

同じ仕事でも、どちらの方が魅力的でしょうか？　言うまでもなく、前者でしょう。

かつての私の上司で、責任感が強く、100%のパワーで一緒に仕事をしてくれた人物がいました。

私が営業マンとして契約が取れず、毎日悩んでいた時期のことです。

「今井がなかなか契約が取れないのは、俺の指導不足だ。一緒にどうすればいいのか、考えよう」と言ってくれました。

私としては営業というのは1人で悩み抜かなければならないと思っていたので、その上司からの言葉は目から鱗でした。

上司は私の吐き出した悩みを1つひとつ整理してくれ、次に何をすべきかを一緒に考えてくれました。結果として、営業マンとして私は何倍も成績を伸ばすことができました。

それ以来、私は「この人についていこう!」と彼を尊敬するようになりました。

その会社をやめて何年も経ちますが、今でも彼を尊敬する気持ちは変わりません。

彼は自分の上司という立場における責任を100%感じられる人でしたから、職場でも人気がありました。

プライベートでも、彼は同じように女性と接するようだったので、当然ながら仕事で帰りが遅くなっても浮気を疑われたこともなく、女性からの信頼は強かったようです。

2人の仲睦まじい休日のデートの話を聞いたりすると、上司としても1人の男としても、本当に尊敬できるなぁと感じていたのを覚えています。

「でも、全責任を取ると思うと、なんだか失敗したときに怖い……」

もしかすると、そう考える人もいるかもしれません。

しかし、安心してください。

本当に責任を取ろうと考えると、その責任分の恐怖も消えます。

理由は簡単で、心の底からそう思っているのであれば、失敗したときの対処法も考えるからです。

人間にとって恐ろしいのは、「よくわからない」ということだと言います。

つまり、「失敗したときにどうなるかよくわからない」というのが、責任においては怖いのです。

もちろん、「上司に怒られることを想像して怖い」というのもあるでしょう。しかし、積極的に自分の分の責任を取るという姿勢ならば、そうした恐怖の多くは消えていきます。

なぜなら、自分がすべきことをすべてした上での失敗であれば、負い目が少ない分、怖くはないからです。

また、あなたのそうした誠実に100%のパワーで仕事に向き合う態度を見て、上司も感情的に叱るということはしないでしょう。

もしそれでも感情的に叱る上司であれば、誠実なあなたにふさわしくない相手なので、気にする必要はありません。

16 モテる男は、責任感が強い！

さて、これからのあなたは何%の責任を取ろうと思いますか？

これは仕事だけでなく、パートナーシップや自分の人生全般に対しても言えます。

責任を取りたくないと思った瞬間、あなたのパワーは皆無になってしまうのです。

あなたの仕事にパワーを取り戻して、まわりから認められる人になりましょう。

17

モテる男は「失敗に飛び込み」嫌われる男は「失敗を避ける」

失敗というのは、誰にとっても怖いものです。

年齢を重ねるほどに失敗したくなくなりますし、失敗への恐れは増していきます。

しかし、「失敗はしたくないから」とチャレンジを避ける人生を続けていると、いつしか飽きられてしまいます。

「飽きられる」というのは、周囲からだけではなく自分自身からもです。

例えば私は、恋愛や婚活に関するコラムを書く仕事をしています。

ここであまり考えず、「いつも通りに」というレベルで書いて提出するのは、ある意味でとても楽な道です。しかし、こうした心構えでコラムを書いてしまうと、大好きだったコラムを書くという仕事自体が嫌になってしまいます。

郵便はがき

恐れ入りますが
切手を貼って
お出しください

112-0005

東京都文京区水道 2-11-5

明日香出版社

プレゼント係行

感想を送っていただいた方の中から
毎月抽選で 10 名様に図書カード（500 円分）をプレゼント！

ふりがな お名前	
ご住所	郵便番号（　　　　　　）電話（　　　　　　） 都道 府県
メールアドレス	

＊ ご記入いただいた個人情報は厳重に管理し、弊社からのご案内や商品の発送以外の目的で使うことはありませ
＊ 弊社 WEB サイトからもご意見、ご感想の書き込みが可能です。

明日香出版社ホームページ　http://www.asuka-g.co.

ご愛読ありがとうございます。
今後の参考にさせていただきますので、ぜひご意見をお聞かせください。

本書の
タイトル

年齢：　歳	性別：男・女	ご職業：	月頃購入

● 何でこの本のことを知りましたか？
① 書店　② コンビニ　③ WEB　④ 新聞広告　⑤ その他
（具体的には →　）

● どこでこの本を購入しましたか？
① 書店　② ネット　③ コンビニ　④ その他
（具体的なお店 →　）

● 感想をお聞かせください
① 価格　高い・ふつう・安い
② 著者　悪い・ふつう・良い
③ レイアウト　悪い・ふつう・良い
④ タイトル　悪い・ふつう・良い
⑤ カバー　悪い・ふつう・良い
⑥ 総評　悪い・ふつう・良い

● 購入の決め手は何ですか？

● 実際に読んでみていかがでしたか？（良いところ、不満な点）

● その他（解決したい悩み、出版してほしいテーマ、ご意見など）

● ご意見、ご感想を弊社ホームページなどで紹介しても良いですか？
① 名前を出して良い　② イニシャルなら良い　③ 出さないでほしい

ご協力ありがとうございました。

もちろん、新しい角度にチャレンジした原稿は、編集者からボツをくらうこともあります。ネタ出しに費やした時間も、無駄になる可能性だってあります。

いわば、失敗前提のチャレンジです。

当然ながら失敗しない方が、労力は少なく、効率よくお金は稼げます。

しかし、効率だけを考えてコラムを執筆していた時期には、会う人からも「なんだかお疲れですね」と言われることが多かったものです。コラム執筆の契約を打ち切られるということもありました。

しかし、**自分の持つ考えをフルに活かしてコラムを書くようになってからは、新しい仕事のオファーが舞い込んだりと、仕事面でモテるようになりました**。書き直しをもらうことがあっても、とても充実した気持ちで執筆に取りかかることができます。

人は失敗があるからこそ成長し、チャレンジすることで楽しく仕事に取り組めるのです。

以前の私のように、安心できる現状を維持するような仕事の進め方をすれば、いつしか「なんてつまらない人間なんだろう」と自己評価も下がってしまうでしょう。

どうせ失敗するのであれば、積極的な姿勢で生きていき、どんどんチャレンジしていく方がいいのです。

例えば営業の仕事であれば、成績を上げるために新しい営業トークを試してみるだけでも、十分なチャレンジといえます。それまでのトークであれば、ある程度の契約率は予想でき、トークを変えれば契約率が落ちる可能性もあります。

ですのでここ一番！　というときではなく、余裕のあるときにそうしたチャレンジをしてみるといいでしょう。

「あれ、営業トーク変えました？」と同僚や後輩に言われるかもしれません。そのときに「うん、もっと契約率を高めたいから。ちょっと実験しているんだ」とあなたがより仕事に積極的である姿勢を見せることができれば、周囲からの評価は高まります。

多くの人は、わざわざそうした工夫をすることはしないからです。頭をできるだけ使わず、そのまま現状維持の仕事をしようとします。**そんな中であなたの積極的な仕事の姿勢は、間違いなく同僚や後輩、そして上司にもモテるでしょう。**

何も大きなことにチャレンジする必要はありません。

昨日の自分ができなかったことを、今日の自分ができるように、ちょっと試行錯誤して

みるだけでいいのです。

料理が苦手な人であれば、今日は卵焼きを上手につくれるように練習してみる……という具合です。もちろん、卵焼きを焦がしたり、思ったより味がしなかったり……という失敗はあるでしょう。そのために、その日の食事が物足りないものになってしまうかもしれません。しかし、努力を重ねることで、必ず次はよいものがつくれるでしょう。

仕事も同様で、何も改善しなければ、その仕事もあなた自身もつまらないものになってしまいます。

ですから、最初は失敗しても痛くない程度に何か1つでもいいので、失敗覚悟でチャレンジしてみましょう。

そして慣れてきたら、大きなチャレンジをしてみればいいのです。

その過程に失敗があったとしても、チャレンジしたり、よりよくなるというのは仕事もプライベートも充実する秘訣と言えます。

17 モテる男は、常にチャレンジ精神を持っている！

18

モテる男は「時給」で考え
嫌われる男は「月給」で考える

「時は金なり」ということわざもあるくらいですから、どんな人でも時間は大切に使わなければならないという認識はあります。

しかし、自分の給料が時給に換算するといくらになるのかを、多くの人は知りません。

ぜひ、月給から自分の時給を計算してみてください。

なぜなら、自分の時給以下の仕事というのは簡単で、つい無意識にやりがちだからです。

例えば、計算してみたらあなたの時給が2000円だったとします。

すると、その時給以下の仕事は、通常であればやってはいけません。

同僚との雑談も、そうした価値を生み出さない情報であれば、仕事中は当然ながら慎むべきです。ちょっとした息抜き程度であればいいのですが、あまりにその数が多いとなると考えものでしょう。

反対に「こうするともっと契約率が上がる」「このルートであれば、よりお客さんと会うことができる」などの情報は、営業であれば、ぜひ知りたいと思うはずです。これは、あなたの時給を今よりももっと上げる可能性があるからです。

こうした認識もなくただ同僚と無駄話をしたり、わざわざ自分の時給以下の仕事をしようとすることは、まさに嫌われる男の典型です。

モテる男は、自分と他人の時間の価値を知っています。

・自分が何をすべきか？
・他人と何を話すべきか？
・そこから何を生み出せるか？

時給で考えると、そのときに取るべき行動を慎重に選択するようになります。自分の時間の価値を知っている人は、他人の時間の価値もわかります。相手を思いやって行動をとれる人になれるのです。

これは、仕事だけでなくプライベートにおいても言えます。

・貴重な人生の時間をどう使うか？
・他人に時間を割いてもらうのであれば、どういう頼み方をすればいいのか？

時間の価値を知っているからこそ、他人の時間にも気を配れるのです。


そんな人物は、すぐに好かれるでしょう。

私の場合であれば、徹底して電話とメールの時間を減らすようにしています。

電話とメールに費やす時間というのは、私の時給に見合う価値がないと考えているからです。これは友人に対してもそうで、私は電話がきたりＬＩＮＥの通知があったりしても、すぐに折り返したり返信することはありません。

というのも、特に事前の連絡なくいきなりくる友人からの電話だったり、ＬＩＮＥのメッセージというのは大抵の場合は他愛のない内容だったりするからです。

実際、内容としては「今ひま？」とか「時間あったら話そうよ」などという、おしゃべりの誘いがほとんどです。これは決して、計画したスケジュールを中断してまで、すぐに対応する必要はありません。

このことについて話すと「友人に対してそれはあまりに冷たいのではないか?」と言う人がいます。

もちろん、私も友人とおしゃべりすることはあります。とはいえ、たいていの場合は20分などと時間制限を決めて、その時間内に終わるように話しています。その方がお互いに有意義な話ができますし、電話であればだらだらと長電話をしなくてもすむからです。

もし無駄に話してしまうと、その分だけ相手の時給を奪うことにもなります。

その話が、相手の時給に見合うものであれば、もちろん構いません。

ただ、大好きな相手の時間を奪いたくはないので、長電話をしないのです。

ぜひあなたも、この時給で考える癖をつけてみてください。

さて、あなたの時給はいくらでしょうか?

その時給に見合った行動を心がけてみましょう。

18 モテる男は、相手の時間も自分の時間も無駄にしない!

19

モテる男は「相手の利益」を考え嫌われる男は「自分の利益」を考える

ランチを食べたあとにゆっくりしようと、新宿のあるカフェに入ったときのことでした。私と同じようにランチを終えたばかりのサラリーマンや、若い恋人同士の何気ない会話が聞こえてきました。ただ、その中でもひときわ耳に入ってくる男性2人の会話がありました。

「私は○○さんのために、これが必要だと思うんです！　どうしてやらないんですか⁉」

「うーん……えっと……」

このやりとりと会話をしている2人の様子を見ただけで、私はピンときました。

「どうしてやらないんですか⁉」と言っていた方が、何かしらのサービスを売ろうとしているようです。

どのような業界でもそうですが、このように相手が買うまで説得し続けるというスタイルの人はいます。それはそれで1つのやり方だとは思うのですが、今回のケースでいえば顧客は結局契約をしなかったようでした。

表情が曇っていたことから、私が会話を聞いたときにはすでに買う気がなかったのでしょう。何度も説得されていましたが「うーん……でも……」となかなか首を縦に振らなかったようでした。

私が彼の立場だったとしても、同じ答えを出していたと思います。なぜなら、売る側から全く相手に対する愛情を感じなかったからです。

「あなたにとって必要なんです！」と言いながら、「あなたから発生する売上が私には必要なんです！」と言っているような雰囲気が出ていました。

このように嫌われる男は、相手よりも自分の利益を優先して売ろうとします。

もちろん仕事ですから、自分の利益があることも大切です。押して押して、なんとか買ってもらえるよう努力することも、1つのスキルかもしれません。しかし、そればかりでは結局のところ自分に利益が出ることもないでしょう。

私自身も自分のコーチングサービスで、こうした売り方を真似してやってみたことがあります。とにかく相手が契約するまで説得を試みましたが、成功したことがありません。

「やらない後悔より、やる後悔の方がいいと思いませんか？」などともっともらしい理由をつけてなんとか買ってもらおうとしましたが、相手から「じゃあ買います」と言ってもらえたことはありませんでした。

それよりもむしろ、「どうやったらこの人の役に立てるだろう？」と考えて行動した方が、コーチングサービスを契約してもらう確率は高くなりました。

実は私のコーチングの師こそが、目の前の相手に対してどのように貢献できるかを考えられるプロでした。彼のクライアントに対する深い愛情が伝わる眼差しや、「コーチングをしている間は１００％相手に誠心誠意尽くしている！」という姿勢は、まさに貢献という言葉を具現化したようなものでした。

彼に初めて会った瞬間、「この人のコーチングを受けよう！」と思ったことを今でも鮮明に思い出せます。それほどに、私の師は目の前の相手に対して愛を注げる素晴らしい人物でした。

私の師だけではなく、**モテる男は相手の利益を考えて行動することができます**。

19 モテる男は、相手の役に立ちたいと考える!

相手に利益が出るからこそ、結果として自分にも利益が出るのだと考えられるのです。
嫌われる男は相手の利益よりも優先して自分の利益を考えますから、お客さんからモテることはありません。

お客さんからモテる男になるコツは、「どうやったらこの人の役に立てるだろう?」「目の前の相手に対して貢献するには?」と考えて質問を繰り返しすることです。

その質問が自分の中で習慣になることで、どんどん相手の利益になる行動をとれるようになるでしょう。

例えば何か商品を売る際にも、その商品がどう相手に貢献できるのかを考えることができます。そうした相手への愛情から発せられる言葉は、心に響くものです。

結果として購入を決めたお客さんにも喜ばれますし、あなたにも利益が返ってくるはずです。

20

モテる男は「他人を頼り」嫌われる男は「自分でやる」

人には、得意ではないことが必ず業務の中にあります。

時には不得意な業務を、他人に頼って任せてみるというのも手です。

他人を頼ることは、本人もまわりも幸せにするからです。

嫌われる男は他人を頼ることをしませんが、モテる男はどんどん他人を頼ります。

恐らくあなたはこういった本を読む方ですから、仕事に対して人一倍真面目で、能力の高い方なのだと思います。

苦手な分野の仕事でも、他人に任せておくのは心配だからと、自分ですべて片付けてしまおうと考えるのでしょう。

一見するとこれは正しいように見えますが、そうではありません。

もし、誰かから自分の得意な仕事を任せてもらえたら、あなたも嬉しいでしょう。

同じことが、他の人にも言えます。他人を頼ることは、他人を喜ばせることにもつながるのです。

例えばあなたが、Aさんにちょっとした事務仕事をお願いするとします。封筒にお客さんの名前を書き、必要な書類を封入する作業だったとしましょう。

あなたは事務仕事が苦手ですが、Aさんはそういった事務仕事を片付けるのが速く、本人もそれを自慢に思っています。

もしもお願いするときにあなたは、「Aさん、ちょっと事務仕事をお願いしたいんだ。俺がやるよりもAさんの方が綺麗に仕上げるし、お客さんにも喜んでもらえると思うんだよね。お願いしてもいいかな?」と言ったとします。

Aさんとしては自分の日頃の仕事をあなたから見てもらえているように思えますし、悪い気はしません。きっと喜んで事務仕事を引き受けてくれるでしょう。

あなたが思っている以上に、あなたよりもその仕事を速く、そして高品質に仕上げる人はたくさんいるはずです。

相手に遠慮する必要はないのです。あなたの苦手な業務を得意とする人を見つけたら、迷わず任せてしまいましょう。

他人を頼るということのメリットは、それだけではありません。

あなたよりもその仕事が好きで得意な人に頼っている間、あなたは別の仕事ができるのです。つまり、頼ることは、あなたの得意な仕事により集中できることだとも言えます。

例えば、私は美容師さんに、「もっと髪質をよくしたいんですが、プロとしてはどうすればいいと思いますか？」といった質問をします。

なぜなら美容師さんは私よりも髪のケアについて、何倍も知識があるからです。私が調べるよりも圧倒的に効率よく、そして質の高い情報をくれます。現場で培った知識や経験、業界の人しか知らないような秘密の情報だってあるかもしれません。

もし私が美容師さんと同じだけの知識を蓄えようと思えば、それこそ何年もかかるでしょう。

そのあいだ、私は本業の恋愛・婚活についての心理学を勉強する時間が減ってしまうはずです。専門家に話を聞くというのは、何年もの時間を大幅に節約できると言えます。

20 モテる男は、相手の得意な分野は任せる！

モテる男は、相手の得意なことや実績を尊重して上手に頼むことができます。

専門家に聞くときには「プロとしてはどう思いますか？」と質問したり「雑誌ではこう載っていたんですけど、それって本当ですか？」と聞いてみるといいでしょう。

その人の得意としていることを事前に少し調べておいて、頼む際に一言加えるだけで、相手は乗り気になって頼みを聞いてくれます。

本気でその分野について知りたいと考えている人には、「この人のやる気に応えてあげたい！」と相手も思うからです。

あなたが本来時間を費やすべきことに集中するためにも、ぜひ「自分がやるべき仕事」や「もっと他人に頼ってみてもいい仕事」を考えてみてください。

頼り上手な人には、頼られた側は好意を抱いてしまいます。

モテる男は頼ることで、さらにモテるようになるのです。

21

モテる男は「一流の仕事を盗み」嫌われる男は「自己流を貫く」

一流の仕事というのは、当然ながら他の人たちの仕事に比べて卓越しています。

自分で試行錯誤することも大切ですが、**自分よりも優れた結果を残している人のよい部分を真似することは、仕事においてとても重要だと言えます。**

自分らしさというのは、一流の仕事を一生懸命に真似して、その上で出していくものです。

しかし、嫌われる男は最初から自己流でいこうとします。

結果、成長が遅いばかりではなく、「俺はこういうやり方だから」と周囲のアドバイスにも耳を貸しません。

よほどセンスがある人であれば話は別ですが、遅かれ早かれこういった人は頭打ちになります。というのも、他人から学ぶという姿勢がないので、他人から学ばれることもないからです。

つまり、一流の人が目の前にいたとしても、自分よりも一流の人を下に見ているのです。このような人は、他人からも同様の評価を受けてしまいます。他の人から学ぼうとしない人に対して、重要な仕事を誰も振ろうとは思わないでしょう。

反対に、謙虚に他人から学ぼうとする姿勢は、他人から学ばれる対象に選ばれやすくもなります。誰だって、自分がわからないことについては「ぜひ教えてください！」と腰が低く教えを請う態度の人については、嫌な気がしないものです。

むしろ、仕事ができる人ほど謙虚な態度を取っていただきたいと思います。

なぜなら、「立場が上なのに、素直な態度を取れるあの人は、なんて人格者なんだろう」というギャップ効果が働き、高い評価を得られるからです。

私の知っているモテる男は、まさにこれを体現しているような方です。収入や社会的評価などは素晴らしいのに謙虚で、「教えてください」と素直に言えます。私たち男性はどうしてもプライドが高く、その一言がなかなか言えないということもあるでしょう。

モテる男は決してモテたいから謙虚な姿勢でいるのではありません。**自分の代わりに時間を費やしてくれた人に、敬意を払っているのです。**

彼らは自分の知らないこと、足りない能力を認めて、相手に教えてもらってすぐに埋めればいいだけのことだと考えています。

だからこそ、たとえ自分より役職が下の人に対しても素直に教えを請うことができます。

一流の仕事をする人から学べば、あなたも同じくらいの一流の仕事ができるようになります。

ただ1つ注意点があります。はじめのうちは、真似だけで十分でしょう。しかし、**慣れてきたら、真似できないあなた独自の良さを開発しなければならないのです。**

その作業は、自分の長所だけでなく短所についても向き合わなければなりません。

例えば私が営業マンをやっていたときは、売れているAさんの真似をするだけである程度の結果は出せました。しかしそれ以上になろうとすると、どうしても自分なりの営業方法を取らなければなりません。Aさんはどちらかといえば「演技派」でした。普段はゆるい雰囲気なのですが、お客さんと会うときはものすごく集中して、「信頼できる営業マン」

としての雰囲気をつくります。話しの内容やテンポなどを、誰もが想像するような「信頼できる営業マン」として調整するのです。

私はそうした演技が上手な方ではないので、どうしても成績の伸びに壁がありました。「このまま彼の真似をするのは限界がある。もっと自分に合った方法を考えないと……」。

そう考えた私は、社外の人の営業スタイルも見るようにしました。そして、自分の短所は「演技で雰囲気をつくれないこと」だったので、長所である「自然な感じ」を全面に押し出した営業スタイルに変えてみたのです。その結果、以前より成績を伸ばすことができました。

一流の仕事をしようとするならば、いずれ自己流のやり方も考えなければならないということです。

ただし、最初から自己流でやろうとすれば、やはり嫌われる男の仕事のやり方となってしまいます。順番を間違えず、まずは一流の仕事を盗んでみましょう。アレンジするのはそれからです。

21 モテる男は、慣れるまでは仕事ができる人を真似る！

Column

一瞬で自分を変える！「セルフイメージ」

目標を達成するのに、自分をどのような人物だと考えているのか（セルフイメージ）も非常に重要な要素となります。

例えばあなたが自分を「異性をデートに誘ってもうまくいかない男」と考えているか「異性をデートに誘ったらうまくいく男」と考えているかで、実際のデートに誘う成功確率は変わってきます。

これは、あなたのセルフイメージがデートに誘う際の行動や表情にあらわれるからです。セルフイメージをもっとも簡単に改善する方法は、服装です。少しのお金で、すぐに変えることができます。

例えばあなたが営業マンであれば、今より「もっと売れている自分」を想像してください。イメージしにくい人は、雑誌やネットで「成功しているビジネスマン」の写真を探してみてください。

少なくともよれよれのスーツではなく、しっかりと清潔感がありちょっと上質な生地のスーツなはずです。ポケットチーフやカバンなどに、こだわりがあるかもしれません。

このようなイメージができたら、実際にその服装をマネしてみるのです。鏡の前に立って自分を見てみると、明らかに表情が違うはずです。お客さんとの会話が以前よりもスムーズにできるようになり、成績が伸びるということも珍しくありません。事実、私も服装を変えることで営業マン時代にその効果を感じました。

あなたが自信を持って行動するために、まずは服装から変えてみてください。

Chapter 4

モテる男の「学び方」の習慣

22

モテる男は「才能がある」と思い
嫌われる男は「才能がない」と思う

才能というと、どこか天才だけが持つようなイメージになってしまうかもしれません。

しかし、**モテる男は、自分に才能があると信じています。**

才能には、あまりにさりげなくて気づかないほどのレベルのものもあります。

あなたが時間があればついついやってしまうことを探してみてください。そう考えれば、山ほど出てくるでしょう。あまり構えず考えることで、自分の才能は発見できます。


嫌われる男は、自分に才能があるとは思いません。たとえ自分の中に才能があったとしても信じないのですから、それを意識して発揮することも難しくなります。結果としてまわりの人に自分の良さをアピールする機会を失い、自分を認められなくなってしまいます。

これに対してモテる男は、自分に才能があることを信じて過ごしています。

「これかな？」と思った才能も、最初は他の人よりもちょっと優れている程度です。

「これは才能なのか、それとも違うのか……」

このように、迷うこともあります。

しかし、信じて磨くことで、才能はより花を大きく咲かせます。そのときには「これだ！」と明確にわかるでしょう。

信じてみないことにはハッキリとわかりにくいのが、才能の難しいところです。

自分の才能を信じる良い例として、こんなケースがありました。

私の友人のデザイナーは、自分の知識や考えを他人にわかりやすく説明ができる才能があります。この才能を応用して、デザインを使って会社の売上を上げるコンサルティングもしています。

ただ、彼としてはコンサルティングをするまでに、相当葛藤があったようです。そもそもデザインで会社の売上を上げることを、他人の会社でやったときに失敗したらどう責任を取るか？ また、デザインに対して素人である社長には、どう説明すれば自分の戦略を実行してもらえるか？ さまざまな部分で悩みがあったと言います。

彼に「ぜひアドバイスをしてほしい！」という人は多くいたようですが、彼自身が自分にGOサインを出すのに迷っていました。

ただ、彼の他人に自分の考えを説明する才能は、外から見ていた私としても素晴らしいと感じていました。

彼と一緒に、コンビニに行った日のことです。コンビニのジュースやお酒に並んでいる棚に行くと、彼が教えてくれました。

「このジュースの缶に印刷されているラベルは、マーケティング的にデザインが失敗している。本当はもっとこうすれば買いたくなると思わない？」

彼はその場で、もっと売れるようなデザインの案を私に言いました。

当時の私は、デザインについての知識は皆無にも関わらず、「確かにそうすればもっと売れる！」と私にも理解できました。

彼は一瞬にして、私にデザインの知識と世の中に出回っている商品のデザインの悪い例を紹介し、そしてどうすればもっと改善できるかを説明したのです。

私はより一層、彼に知識や考えをわかりやすく他人に説明できる才能があることを強く感じました。

それからしばらくして彼は、コンサルティングをスタートさせました。彼の固い決意もあり、コンサルティングを受けた企業は売上を短期間で伸ばしたそうです。

「怖かったけど、やってよかった。クライアントにもすごく喜んでもらえたし」

そう言う彼の表情は、とても輝いていました。自分の才能を信じて行動した彼を、私は本当にすごいなぁと思います。

実は彼は、プライベートでも非常にモテる男です。女性に対するトークや振る舞い方も、とても洗練されています。自分の才能を信じて結果を出したことで、まわりの女性からの評価もさらに高くなったようでした。


あなたも、自分の才能を信じることで、彼のように仕事でもプライベートでも、もっと輝く男になりましょう。

22 モテる男は、才能があると信じて磨き続ける！

23

モテる男は「学び続け」
嫌われる男は「学ぶのをやめる」

「俺はもうこの分野は極めたから」と、学ぶことをやめてしまう人がいます。

本来であれば何かを極めるということは、一生ありえないことでしょう。

しかし、本人が極めたと思うということは、その分野における才能はそこまでだということです。

本人が重要でないと思う分野であればそれでもいいのですが、大切にしていることでそう思ってしまうのは非常にもったいないことです。


「自分が第一人者だ」などとみえを張るだけの人もいます。

しかし、本当の第一人者とは、一生その分野に対して磨きをかけ、学び続ける人でしょう。

「今よりも、さらに成長するの!?」と思わせる人物は、ついまわりも注目してしまいます。

学び続けるということは、そうした副産物的なメリットもあります。

ですので、ぜひあなたが興味を持つ分野は、一生学び続けてみましょう。

1つ、想像してみてください。あなたが営業の仕事をしていたとします。今も現場に出ていて日々勉強会などに出席し、自らのスキルを高めようとする先輩のAさん。対して、昔は営業成績が今のAさんよりも良かったが、今はそのときの実績を自慢げに話すだけで全然営業を頑張ってはいないもう1人の先輩であるBさん……。

どちらの方が、魅力があると思いますか？ 当然ながら、Aさんだと思います。

なぜなら、Aさんは今も努力をしているため、今後Bさんよりも伸びる可能性がひしひしと感じられるからです。

実際、私の昔の職場でまさにAさんとBさんのような先輩がいました。

B先輩は役職がかなり上でしたが、話すのは昔の自慢話ばかり。たしかに以前はすごかったのかもしれませんが、私としてはとても話を聞く気にはなりませんでした。

それよりも、私より少し先に入社して、日々猛烈に営業の勉強をしているA先輩の方が、尊敬することができました。事実、A先輩の方が、B先輩よりも何倍も女性の同僚からの人気があったのを覚えています。

例えばA先輩は女性の同僚と話すときには、「今日のお客さんは気難しそうだったから、丁寧に商品の説明をしてみたんですよね。○○さんはいつもどうやっていますか?」など、積極的に相手と意見を交換するようにしていました。

相手の仕事のやり方を聞くのは、学び続ける姿勢がなければできません。

一緒に話している女性の同僚は、A先輩と話す機会を得られて楽しそうでした。

それに対してBさんは「今日のお客さんは気難しい感じだった。まぁ、今までの経験からしてすぐに契約できるだろう。昔、俺が似たようなお客さんを相手にしたときには……」とすぐに自慢話をしようとします。

一緒に話している女性の同僚は、苦い顔をしていました。


ところで一生学び続けるというと、いつまで経っても終わりがなく苦しいという人もいます。一生勉強しなければならない=一生遊べないという認識のようです。

これは、義務教育の中で学びたくないことを我慢して学び続けたことが、原因なのかもしれません。学びというと、反射神経的に苦痛だと感じてしまっているのだと思います。

ですが、本来学びというのはとても楽しいものです。

もしかするとまだ、学び続けたい分野が見つかっていないのかもしれません。

ですがその場合でも、焦る必要はありません。学びたいと思う対象は焦って見つけるものでもありませんし、たとえ見つけたとしても変わる可能性もあります。

重要なのは、あなたが学び続ける姿勢を持つことです。

あなたにいろいろなことを積極的に知りたい、学びたいという心があれば、周囲の人もあなたを好きになるでしょう。

23 モテる男は、常に学ぶ姿勢を忘れない！

24

モテる男は「積極的に」自己投資をし
嫌われる男は「たまに」自己投資をする

自己投資ほど、投資効率のよいものはないでしょう。

なぜなら、必ずそれはあなたのためとなり、あなたの人生を豊かにするものだからです。

このような理由から、モテる男は積極的に自己投資をします。

人格的な成長もできるので、仕事やプライベートでもまわりの人から好かれます。

自己投資の方法自体は、いろいろなものがあると思います。本、セミナー、何かしらの体験など……。挙げればキリがありません。


その中でも私が最もオススメするのは本です。

本屋さんに行けば、ほとんどの本は中身をあらかじめ見ることができます。

パラパラっと見て、それが本当に面白そうな本かどうかを確認できます。

つまり、**明らかに自分には合わないような本は事前に避けることはできますから、ほぼ**

確実に読むことで何か学習できるものを選ぶことができるわけです。

もちろん、１００％の確率ということではないでしょう。時には「いいな」と思った本でも、そうではないということもあります。

また、もしあなたが本をあまり読まないということであれば、講師と実際に会えるようなセミナーもいいでしょう。

値段が高いほどよいというわけではありませんが、深いテーマやより専門的な内容を扱ったセミナーは、通常より高額となります。**それこそ「投資」と考えて、たまには思い切って高額なセミナーに出てみてもいいでしょう。**

セミナーのよいところは、講師はもとより、そこで出会える同じセミナーを受ける仲間との出会いです。もう何十年も前に出たセミナーの仲間と、今でも連絡を取り合い、まるで幼い頃からの友のような仲を楽しんでいる……。

このような話は、決して珍しくありません。私自身も、そうした友人がいます。

また、セミナーの場では仲間だけでなく、将来恋人となる人との出会いもあります。

私の友人には、セミナーで偶然出会った女性とお付き合いが進み、今は同棲状態だという男性がいます。

セミナーというのはその場にもよりますが、普段は言えないような深い悩みについても真剣に話し合う雰囲気があります。**ですから、2人が仲よくなるスピードは普通に知り合うよりも速く、また強い絆がつくられたのだと思います。**

その男性のことを私はよく知っていますが、彼は正直とてもシャイな性格です。合コンや婚活パーティーの類では、きっとこうはいかなかったでしょう。

「セミナーに行って、本当に良かった。当初の目的であったビジネスについての悩みの解決だけでなく、しばらく恋人がいないという悩みについても解決できたんだから。まさに一石二鳥だったなぁ」

彼のその嬉しそうな笑顔を見た私は、それまでの苦労を知っていたのでとても嬉しかったのを覚えています。

彼としては無理やりテンションを上げて話さなければならない合コンや婚活パーティーはストレスだったようで、出会いを探すことにも半ば諦めていた時期でもあったようなので、喜びもその分何倍も強かったのでしょう。

セミナーで出会った人は、真剣に向き合い、同じ悩みを解決しようとした仲間ですから、友人や恋人という点でも普通に知り合う人たちよりも深い関係を築けるのだと思います。

こうした出会いは、セミナーで何かを学ぶこと以上にあなたを成長させてくれます。

自己投資せず、ただ一時的な楽しみのためだけにお金を使うこともできるでしょう。一時的であればいいのですが、それだけしかお金を使うことがないというのも、寂しいものです。必ずそれらは飽きてしまいますし、あなた自身も変わらない自分に飽きてしまうでしょう。あなたが自分に飽きるということは、まわりもあなたに飽きてしまいます。

自己投資をするということは、何であれ人生を面白くしてくれます。たった1000円~2000円ぐらいの本への投資でも、十分にあなたに刺激を与えてくれるでしょう。そしてその刺激が、あなたをモテる男に変えていきます。

24 モテる男は、自己投資は積極的に行う！

25

モテる男は「お金を払って学び」嫌われる男は「無料で学ぼうとする」

今の時代、ネット上で無料で受け取れるものはたくさんあります。

つまりお金をかけずに学ぼうとすることが、簡単にできる世の中です。

そんな中でも、**モテる男はお金を払って学ぼうとします**。


私自身もこれまでたくさん無料のものをダウンロードしたことがありますが、どれも自分の学びに大きくはつながりませんでした。

書いてあること自体は、恐らく有料とは変わりありません。

非常によいことを書いてありますし、無料レポートをつくった人が手を抜いているわけでもないでしょう。

ただ1つ違うのは、私自身がお金を払っているかどうか、ということです。

人は払った代償分のものを、得ようとします。

例えば、あなたは誰かから本を借りて、結局読まなかったという経験があるかもしれません。それと同じで、無料のものに対してはあなたが払っているものがないので、「元を取ろう」という気が起こりにくいのです。

似たような例で、タダでもらったコートと、あなたの給料1カ月分で買ったコート……この両方がクローゼットの中にあるとすれば、どちらの方を大切に着るでしょうか？

言うまでもなく、後者だと思います。

これほどに明確に、私たちは自分の投資したものに対して、それと同じだけの価値を見出そうとする傾向があるのです。

ですから、あなたが本気で何かを学びたい場合は、ぜひお金をその対象に払ってみてください。より多くのお金を払うことで、本気度が増すことに気づくはずです。

例えば私の友人で、とても倹約家の女性がいました。

彼女は勉強家ではあるのですが、それまでずっとネットで情報を検索して、できるだけお金をかけずに勉強していました。

しかし、恋愛についてはそれでは深く学ぶことができないと思い、ある時期から有料で本を買って学ぶことにしたそうです。

およそ1年で30万ほどの金額を、本をはじめ情報を得られる有料のレポートなどに費やしたと聞いています。

それからというものの、彼女はみるみるうちに男性から声をかけられるようになりました。学んだ内容によって180度考え方を変えたというよりも、もともとの素材を効果的に活かせるようなったというのが、最もふさわしい表現かもしれません。

男性心理を学び、彼女の良さがうまく伝わるような方法を研究したのだと聞いています。

ほとんどは無料で得た情報とかぶっていたそうなのですが、それでも有料で学ぶことにより、目に入った情報や知識を活かそうという意識が強まったのだそうです。


このように読書というのは、たとえ「以前読んだことがあるな」という知識だったとしても、あらためてお金を払って読むことで「やはり重要な情報だ。活かさないともったいないな」「この本でも強調されている。この部分は、よっぽど大切なんだろう」と、**積極的に自分の中に取り入れようとする姿勢が生まれます。**

私は対面で話すクライアントに、無料レポートで書いていることと同じことも言います。それにも関わらず、無料レポートよりも有料の対面コーチングの方が圧倒的に気づきや変化が多いのです。

これは、クライアント側に、「払ったお金以上のものを受け取りたい！」という思いがあるからだと思います。私のちょっとした所作や話し方、雰囲気などからもメッセージを受け取っているのです。結果としてあるクライアントは、コーチングを開始してから3カ月で恋人を見つけることができました。しかも、全く出会いのない状態からです。

逆に、私自身がコーチングを受けるときにも同じことが起きます。コーチの話すことはほぼすべてメモを取りますし、時間ギリギリまで質問攻めにしてきました。こうした高いモチベーションは、決して無料の段階では生まれません。

モテる男はお金を払って学ぶことで、高いモチベーションで人よりも得た情報から価値を見出そうとします。彼らが学びを結果に変える秘訣は、そこにあるのです。

25 モテる男は、得た知識や情報を活かそうとする！

26

モテる男は「機会があれば手に取って」と勧め
嫌われる男は「〜した方がいいよ」と勧める

「この本は読んだ方がいいよ」と、聞いてもいないのに特定の本をオススメしてくる人はどこにでもいます。

相手があなたが尊敬している人や、まるごと真似したいと考えている人であれば、ありがたいことでしょう。しかし、そうでなければ迷惑だと考えるのは自然なことです。

「これはやった方がいい」「これはやらない方がいい」と、勝手に仕分けしたり、自分にとっての正解を押しつけたりする人もいます。

もちろん、知っていた方がいい、と思うものもあるでしょう。相手にメリットがある！と思えるものも中にはあります。ですが、相手がそう思うかどうかは、やはり別問題です。

相手がどの媒体から学ぶのも自由ですし、何を信じて学ぶのも自由です。そこに書いてあることや教えられることを吸収するもしないも、自由だと言えます。

とはいえ、つい私たちは学んだことの中で、「これはいい！」と思ったことを確信を持って他人にも話し、強要してしまいがちです。

有名な方の著作に書いてあれることであればなおさら「絶対に正しい」と思って、他人にも強要してしまうものです。

何を学び、何を正しいと思って進むか。どのタイミングで学ぶのか、また学ばないのか。

あなたが「これはいい」と思ったものは、相手が求めてきたときにのみ勧めてみましょう。

どうしても勧めたいと思うのであれば、「自分はこの本がいいと思ったんだけど、そのことについて話してもいい？」と相手に許可を取ってみましょう。

そうすれば、相手も「強要された」という感覚を持つことはありません。

私の知っている男性で、こういった行為がとてもうまい人物がいます。

彼は、とても博識で1つの物事に対してものすごく深く研究する性格です。

ですから、たいていのことは彼に聞くと「それはね……」とまるで目の前に専門書があるかのように話してくれます。

彼のすごいところは、私のレベルに合わせて話してくれることです。

そして、私が聞いたことに対して「もっと知りたい」と言うと「じゃあこの本がオススメだから、読んでみたら？」とその分野で最もわかりやすい良書を教えてくれます。決して私が聞くまでは無理やり何かをオススメするということはなく、私が「もっと教えて」というサインを送るまでは言わないのです。

そこがもどかしくもあるのですが、さらに知りたくなる知識欲を刺激してくれる行為だと言えます。

彼のその話し方が上手なのでしょう。彼と飲み会にいくと、いつも彼のまわりは彼の話をうっとりとした瞳で聞く女性で囲まれています。自分が普段疑問に思っていることについて、わかりやすく丁寧に話をしてくれる姿は、本当に彼が頭がよくてスマートな男性だからなのだなぁと思います。

また彼は同性からもウケがいいです。その証拠に、彼が女性を独り占めしても男性からのやっかみを受けることはありません。

この男性のように話を終える際にも、「だから、絶対に読んでみて！　必ずあなたのためになるから！」というよりも、**「もしも機会があれば、手に取ってみてね」ぐらいの感じで、あくまで選択肢は相手に与えるようにするといいでしょう。**

ちなみに彼は、本であれば興味のある分野の本で手に入るものはほぼすべて読みます。
そして、第一人者の生の考え方を学ぶために、もっとも優れている人のセミナーや講演会に参加します。懇親会ではその人の隣に座り、質問攻めにするそうです。このように徹底的に一流の人から、情報を学ぼうとします。

「あなたのためにこの本を読んだ方がいいと思うのだけど……」と言いたくなったときには、グッと我慢です。「あなたのため」と言葉にしている時点で、それは「あなたのため」ではなく「自分のため」なのです。
多くの場合、あなたが何かをしなくても、相手は自分でどんどん人生を豊かにしていくことができます。

学びは刺激と新たな世界を与えてくれますから、その感覚を誰かと共有したい気持ちも、私はとてもわかります。しかし、学びは本来自由なものということを忘れないでください。

26 モテる男は、上手に相手の知識欲を刺激する！

27

モテる男は「誰から学ぶか」を重視し 嫌われる男は「何を学ぶか」を重視する

何かを学ぶ際、師を選ぶことは、あなたがモテる男になるために必要なことです。
なぜなら、あなたよりもモテる男は世の中にたくさんいるからです！
モテる男の数だけ、あなたが学べる師の選択肢はたくさんあるといえるでしょう。
誰から学ぶかによって得られる学びは、同じ分野でも全く違うものになります。

まずは、あなたがどういう人を師として仰ぎ、学びたいのかを考えましょう。
その分野において優れた結果さえ出せれば、その過程は重視しないのか？
それとも両方を重視し、じっくりとあなたと向き合って教えてくれるのか？
その分野を愛しているのか、愛していないのか？
師から影響を受けるので、多少なりとも似る部分が出てきます。慎重に選びましょう。
モテる男はこのことを知っていますから、誰から学ぶかをとても重要視します。

反対に、嫌われる男は結果さえ出せればいいので、師をあまり意識して選ぶことをしません。自分が何を学んでいるのか？　ということについても意識がないため、師の悪い部分までも受け継いでしまいます。

師を選んでいる中で、結果として出している功績や数字などはすごいのに、人柄としては全く尊敬できないという人も出てくるでしょう。

仕事はすごいけれど、プライベートは全く幸せではないという人もいます。

あなたがその人の優れた部分だけを真似できればいいと思いますが、なかなかそれも難しい話です。

もちろんすべての分野がうまくいっている師というのもいませんが、本格的に弟子入りする前に、ぜひしっかりとどういう人物かを吟味してください。

私の知り合いのセラピストで、セラピーの売り方を教えてくれる専門の先生に弟子入りした男性がいます。その男性が温和な性格でとても好感があったのですが、その先生のもとについた途端、人が変わったように冷たい人物になってしまいました。その男性が開くセミナーにいくと、まさにセラピーを売るために「じゃ、これ以上は有料の情報だから」とかなりビジネスライクな雰囲気で有料と無料の情報を分けているようでした。たしかに有料と無料の情報を分けることは、重要なのでしょう。

しかし、彼のもともと持っていた良さを活かしているようには思えず、彼のセラピーが好きだった女性ファンもどんどんと離れてしまっているようでした。

彼とは逆に、先生選びで成功した男性も私は知っています。

もう一方の男性は、ただ有名で実績のある先生よりも、自分が直感的に「この人だ！」と思った人を選んだと言います。彼はビジネスも成功し、恋愛面でも充実した日々を送っているようです。

それから数年経ち、彼の選んだ先生は前者の男性がついていた有名な先生よりも、ビジネスもプライベートも成功するようになりました。

優れた師というのは、弟子の様子を見ればわかるのかもしれません。

こういった学ぶ対象である人物を選ぶ際は、時には直感を活かして選んでみましょう。

あなたの師となる相手にとっても、あなたにとってもベストな選択肢を選ぶことができます。

もちろん、オンライン講座や教材などで学ぶことはできます。それらを発行している講師を師として仰ぐのも手です。何も、対面で学ぶことだけがすべてではありません。

一番遠回りなのが、すべて一から自分でやろうとすることです。他人から学ぶのは癪だとばかりに、誰にも教えを請わないのは、賢くない選択です。

あなたより先に失敗し、多くの時間をかけて試行錯誤してくれた人はたくさんいます。

その知恵を借りて前に進む方が、よっぽど効率的です。

どの師につくかで、あなたのモテ方も変わります。プライベートだけ短期的にモテたいのか、それとも仕事面でも上司やお客さんにもモテたいのか……。

あなたにとってぴったりな師を選び、最短のルートで成長しましょう。

27 モテる男は、慎重に先生を選ぶ！

28

モテる男は「心を学び」
嫌われる男は「データを学ぶ」

よく、女性から「今日の夕飯は何が食べたい？」などと聞かれることがあると思います。

このとき「何でもいいよ」と答えてしまうと大変です。

きっと女性から「少しは考えてよ！」なんて言われてしまうでしょう。

仮に女性がカレーライスが好きだからと「カレーにしようか」と言っても、彼女の気分が乗らなければ「うーん、今日はオムライスにしようかな」なんて答えが返ってくるかもしれません。私たち男性にとって、女性の心は理解しにくいものです。

相手の心を学び続けても、一生完璧に理解することはできません。私たちの心は、手で取って見ることができないからです。

しかし、**人それぞれ何に対して幸せを感じるかが異なるからこそ、相手と自分の心について一生懸命に考え続ける必要があるのです。**

冒頭の例で言えば、女性はあなたのことを考えて「何が食べたい?」と聞いたのでしょう。そのようなとき、モテる男は一言足して、「この前食べたいって言っていたお店で、カレーを食べようか?」などと相手のことを思う一言を足すのです。嫌われる男のように、考えるのを放棄したり、自分の食べたいものだけをバカ正直に言ったりはしません。

女性は私のことを考えてくれて嬉しいと思うはずです。気分が乗って「そうだね、カレーにしよう」と言い出す可能性も出てきます。たとえ「オムライスにしようかな」と言われても、怒らずに「どうしてそう思ったの?」と相手に聞いて理解を深めて次回に活かせるようにしましょう。

私たちの心や幸せについて「これが正解だ!」というのはありません。というより、むしろそうあるべきなのかもしれません。

パートナーがいたり、好きな人がいれば「この人は何を考えているんだろう?」「自分のことをどう思っているんだろう?」と相手の心に思いを馳せることもあるでしょう。

以前、私が男性向けのセミナーを開いたとき、参加者から次のような質問を頂きました。

「ある本で〜〜という感じで学んだんですけど、それで合っているんですよね？」

どうやら恋愛について書かれていた心理学のテクニックを女性に対して試しているらしく、なかなかうまくいかないことで悩んでいるようでした。

私からすれば、それはあくまで「こういう傾向性がある」というデータに過ぎないため、目の前の女性の心を本当に学んでいるとは言えないなぁと思いました。

たしかに、本でそうした恋愛の傾向を知ることは大切です。男性と女性では考え方も違いますし、本が学ぶ心理学にも何かしらためになる情報があるでしょう。

しかし、モテる男はさらにそこからもう一歩踏み出します。

それは、本に書いてあることを踏まえた上で、目の前の女性が何を考えているんだろう？と自らの頭で考えるということです。たとえ、本に書いてある傾向が相手にあっても、さらに、その考えになった原因について知ることが大切なのです。

相手に対する興味関心があれば、自然とはずむ話し方をしているはずです。

モテる男は「どうして君はそう思ったの？」とよく聞きます。

非常に簡単なセリフですが、思ったよりもその人が現在の考えに至った原因については聞く人が少ないのも事実です。

あなたに「どうして君はそう思ったの？」とプライベートで聞いてくれる人は、どれくらいいますか？ 普通、相手の思考に興味がある人は、ほとんどいないはずです。

そんな中、たった1人でもこのセリフを言ってくれる人がいれば、それだけでも相手はもっと会話をしたいと思えるでしょう。

嫌われる男は、相手の心を考えても正解が出ないので考えるのをやめて、自分がいいと思う行動や話し方をしてしまいます。

モテる男は、一生懸命に相手の普段の生活やそこで起きる心境の変化などを考えます。

考える過程があるからこそ、モテる男は相手に好かれるのです。

28 モテる男は、相手のことを学び続ける！

Column

アピール上手になれる！「自己開示」

自己開示とは、あなたの情報を相手に伝えること。

よく見せようという意図がなく、あくまでそのままの自分を伝えることを指します。この自己開示ですが、あなたが自分のことを理解していなければなりません。

では、あなたにここで質問です。あなた自身のことを、3分ほど話してみてください。

いかがでしょうか？ きっと、3分ものあいだ自分のことを話すというのは難しいと思います。実際の自己開示は3分間というくくりでやることはないと思いますが、私たちは自分のことをあまりにも知らないのも事実です。

自分は一体何が好きか？ どのように1日を過ごしているのか？ 将来はどんな人になりたいのか……。

一度時間を取って、あなたの情報を整理してみるといいでしょう。

実際に書き出してみると、思わぬ発見があるかもしれません。

出会いの場では、相手から「〇〇さんってどういう人なんですか？」と聞かれることもあると思います。

そうしたときに、より自分自身を理解している人の方が、優れた自己紹介ができます。

特に私たち男性は、つい情報を盛ってしまいがちです。ですが、等身大の自分を伝えられる人の方が正直で素敵です。ありのままの自分を伝えられるようになりましょう。

Chapter 5

モテる男の「遊び方」の習慣

29

モテる男は忙しいときこそ「遊びを入れ」嫌われる男は「真面目にやる」

「これが終わったら思いっきり遊ぼう」

「あのときはよく遊んだけど、今はそれどころじゃないや」

こうしたセリフを聞くことは、決して珍しくありません。

このような人たちは、一体いつ遊ぶのでしょうか？　思うに、いつまで経っても遊ぶことはないのでしょう。


前者の人は一見すると、仕事などが終わったら、自分に遊ぶ許可を与えるように思えます。しかし、実際には次から次へとやることがでてくるため、思いっきり遊ぶ日というのはやってきません。

後者の人は、昔の自分は遊べる身分だったが、今の自分はそうではないと言っています。

つまり、遊ぶという行為は今の自分にはふさわしくないと言っているのです。

どちらも今この瞬間を生きているのに、未来か過去でのみ遊ぶことを許可しています。

もちろん、仕事に集中するべき時期はあります。だとしても、日常のふとした瞬間に遊びを入れることは可能なはずです。二度と戻ることのできない過去や、訪れるかわからない未来で遊ぼうとするのは、今を生きていない証拠と言えます。


モテる男は、夜遅くまで残業をしばらくしなければならないほど忙しいという時期でも、遊びを入れて楽しみます。

例えば、自分以外に誰も会社にいなければ、大好きな音楽をかけてリラックスしながら取り組んでみる。

反対に、タイムアタック形式で「この作業は昨日よりも素早く終わらせてみるぞ」と、音楽はかけずに仕事に集中してタイムを計ってみる。

このように、**同じように残業するのでも、楽しんでやるぞという気持ちで仕事をします。**

嫌われる男は、残業ということになれば「ええ、またかよ……」「疲れるから嫌だなぁ」などと、残業の中に楽しみを見出すことができません。

先ほどの例のように「残業しない過去はよかった」「この時期が終わったら、どこに行こうか」などと今ではないところに思考が飛んでしまいます。
そんな様子ですから、表情もくもり、女性が近寄りがたい雰囲気が出てしまいます。

仕事では、一切遊びを見出さないという人もいるでしょう。「これを仕上げたら、いくらのお金が自分に入る。だからこれは仕事としてしか見ない」という考え方もあるのだと思います。私はそれを否定しませんし、そういった考え方もいいと思います。

ですが、嫌だなと感じることをするときにこそ、できるだけ楽しみを見出した方がいいと思います。

例えば、私は料理がそこまで得意ではありませんが、何かつくるときはシェフになった気分で「料理ゲーム」を楽しむようにもしています。

「料理ゲーム」では、「こちら○○でございます」と何かテーブルに料理を置く際には説明を加えます。「本日のオススメもいかがですか?」などと、まるで本当にお店を開いているかのように振る舞います。こうすることで、普通に料理を出すよりも相手に喜んでもらえます。「今井さんってそんなこともするんですね」と女性にはギャップを感じてもらえるようです。

相手の人に喜んでほしい！　という思いは男女ともにありますから、私はこれを女性だけでなく男性の友人にもします。その場合には、気難しげな小料理屋のオヤジを演出します。これがまた、男性の友人と飲み明かした日に自宅でやると好評なのです。

「お前の家に行くとうまい飯が出てくるから、また行きたい」と好評です（笑）。

目の前のことに遊びを見出して楽しめる人は、相手も楽しませることができます。

あなたも苦手なことがあれば、遊びを入れてみてはいかがでしょうか？

29

モテる男は、嫌なときこそ楽しむ！

30

モテる男は「散歩感覚で」デートに誘い
嫌われる男は「意気込んで」デートに誘う

モテる男と嫌われる男は、デートの誘い方が違います。

というのも、**モテる男はデートに誘うにしても「ちょっとそこまで一緒に歩かない？」という気軽な感覚でいるのです。**

つまり彼らは気軽に相手をデートに誘えるほどの関係性を事前につくっています。

「俺と君は一緒に食事に行くのが当たり前だよね」と自分と相手が思えるほどに、会話を重ねているのです。

これに対して嫌われる男は、あまり相手と仲よくない段階から「デートに行こうよ！」と誘ってしまいます。

通常、デートはどんなに短くともディナーであれば2時間程度はかかります。前後の移動時間や準備などを含めれば、4時間くらいは取られるでしょう。そういった時間を一緒に過ごすわけですから、あまり知らない人や話していて楽しいと思える人以外とは、誰もデートに行きたいとは思えません。

学生時代の私はこのことを理解していなかったために、デートに誘うのを失敗したことがあります。私の場合はデートどころか、いきなり相手に告白。一緒に遊んだことなどなかったのに、「デートは告白してOKをもらってからするものだ」という考えがなぜかありました。

奇跡的にOKをもらうことはできましたが、その後のデートは惨敗。盛り上がる会話をすることもできず、結局付き合って1カ月も経たずにフラれてしまったことがあります。

そういった意味で**モテる男は、楽しい時間を提供できるプロフェッショナルです**。ただ楽しいといっても、お笑い芸人のように話題がポンポン出てきたりする必要はありません。一緒にいて居心地のよい時間を感じてもらえればいいので、ちょっと気の利いた会話ができればいいぐらいなのです。

では、気の利いた会話というのはどうすればできるのでしょうか？

私のまわりにいるモテる男に聞くと、彼らは「相手に興味を持つこと」からスタートしています。

普段どんなテレビを見ているのか？　休日はどんな過ごし方なのか？　そして眠る前にふと思い出すような、小さな悩みごとは何なのか……。

相手に興味を持って、質問を考えて会話を展開していきます。

重要なのは、ライトな話題から会話をして、次第にディープな話題に移っていくのです。相手に抵抗が起きにくいテンポで、徐々に心の距離を縮めるためです。

モテる男は相手に興味を持っているので、話を聞きながら「君ってこんな素敵なところもあるかもよ」と思わぬ部分で相手をほめることもできます。

相手としても、「こんなに深い話ができたり、自分の知らないよいところを発見してくれるなんて……この人とは気が合うのかも？」と思ってしまいます。

モテる男はこうして関係性を築いたあと、「じゃあ気分転換にそこまで歩こうか」という感覚で「そうだ、今度食事でも行こうよ」とデートの提案をするのです。

すでにこの段階で相手の心とつながっていますから、まず断られることもないようです。

つまり、デートを誘うことに成功するためには、事前の下準備が鍵を握っているというわけです。

デートを誘っても、断られない自分を用意しています。

先ほどの会話以外にも、もちろんそれは言えます。服装や姿勢だったり、醸しだす雰囲気などもそうです。

むしろ女性はそうした言語化しにくい部分でデートに行くかどうかの判断をしますから、それらについても押さえておくべきでしょう。

もしも自信がないようであれば、一度あなたのまわりのモテる男にチェックしてもらうといいでしょう。「まわりに参考にできる人がいない！」という場合には、テレビや雑誌などを見てみるのも手です。

服装・姿勢・雰囲気の部分で人気のある男性と、自分は何が違うのかを比較して考えてみてください。

30 モテる男は、デート前の準備を念入りにする！

31

モテる男は「忙しいからこそデートをし」嫌われる男は「忙しいとデートをしない」

多くの男性にとって、価値観の優先順位で最も上位にくるのが仕事です。

恐らく、パートナーとの関係性はそれよりも下位にくるのではないでしょうか？

それ自体は個人の価値観ですから、ここではどうこう言うつもりはありません。

自由ですし、いつでも変えることができます。


しかし男性の陥りやすいパターンとして、パートナーとの会話で「今は忙しいから、君との時間はつくれないいんだ」という言い訳をしてしまうことがあります。

この論理を言いたくなる気持ちは、同じ男性としてよくわかります。

しかしあなたも、それを理解してくれる女性とそうでない女性の両方を経験したことがあるのではないでしょうか？

また、仮に理解してくれる女性だったとしても、後々「あなたは私より仕事の方が大切なのよね」と言われ、思わぬところでしっぺ返しを食らうこともあります。

相手が本当にあなたの考えをわかっているのかどうかは、女性ならずとも他人のことなので、決してあなたがわかることではありません。

では、自分の価値観の優先順位を変えてまで、パートナーとの時間を取るべきなのでしょうか？

ここで私が「仕事よりもパートナーとの時間を優先してください」と言うのは簡単です。

しかしそれではあなたは納得しないでしょうし、何も前に進むことはないでしょう。

相手の女性としても、あなたが忙しいことはわかっています。

スケジュール的に無理なことも、話せばわかってくれるでしょう。

ですが、それでもあなたに時間をつくってほしいと思うのが、女性という「性」なのです。

あなたが男性という「性」が強い以上、この部分はなかなか理解できない部分でしょう。

しかし、モテる男は、理解できないからこそ、一生かけて理解しようとします。

・直接会うことができなければ、電話をする時間をつくってみる。
・わずかな時間でも会うことができるのであれば、そうした時間をつくってみる。

「今は忙しいから、君との時間はつくれないんだ」と言う代わりに、こうした行動と置き換えてみましょう。

相手がなぜ「忙しくても会いたい」と言うのかを考えてみるとわかりやすいかもしれません。そして**相手の気持ちを理解してから、あなたの気持ちを伝えることが大切です**。

モテる男は、この部分がよくわかっています。

「そうか、俺といつでも会いたいと思ってくれるほど、好きでいてくれるんだ。それなら会いに行こうかな」

「仕事が忙しいけど、ちょっとだけ話そうかな。その方が仕事も頑張れる」

このように、自分ができる範囲で女性の気持ちに寄り添うのです。

どうしても会えなかったり電話ができなかったりする場合には、「本当はすぐにでも会いたい！」という気持ちをメールやＬＩＮＥなどで伝えています。さらに、具体的に次に会えるか電話ができる日を約束するのです。そうすれば、あなたがただ単に不精しているのではないことが女性もわかります。

要は、女性はあなたの好きな気持ちが強いことを、いつも確認したいのです。

嫌われる男はこれが苦手なので、仕事が忙しくなると女性に愛想を尽かされてしまいます。

こうした一連のことを実践することが非常に困難なのは、百も承知です。これをパーフェクトにできる人間は、男性では恐らく世の中にはいないでしょう。

それは、私たち男性の「性」がそうさせることです。

しかし、その男性という「性」と相手の女性という「性」を理解してコミュニケーションを取ることができれば、２人の仲はより一層深いものになります。

31 モテる男は、忙しいときの断り方を知っている！

32

モテる男は「何気ない日に」サプライズをし 嫌われる男は「記念日に」サプライズをする

私の友人のモテる男は、何気ない日に花を女性に贈り、花を受け取る女性の心をつかみ、素晴らしい関係を築いています。

サプライズというのは、何も限られた記念日だけにするものではありません。むしろ、誕生日などにするプレゼントは相手から驚かれることもないでしょう。

私たちがサプライズだと感じるのは、心が安心しきっているときです。

「何もないだろうな」と思い込んでいるときにこそ、心が動くのだといえます。

ここで1つ考えてみていただきたいのですが、あなたはなぜサプライズをしたいと思うのでしょうか？

相手を驚かせたいから？

それとも、サプライズを成功させて「すごい」と相手に思われたいからでしょうか？

嫌われる男はつい、サプライズを「相手の心をつかむ技術」と考えてしまいます。

結果、的外れな演出や派手なプレゼントを送ってしまい、女性の気持ちを高めることができません。


モテる男は、まるで、その人が素敵な物語の主人公のようだと相手に思わせるように、サプライズをします。


私たちの日常は、どうしても同じような作業の繰り返しです。朝起きて、会社に行って1日中仕事をする。たまに早く帰ることができれば家事をして、少しテレビや雑誌を見てごろごろしたらすぐに寝る時間になってしまう。週末の休日も疲れがたまっており、つい寝すぎてしまって遊んだり自己投資する時間が足りない……。

たいていの人は、こうした同じような1週間を繰り返しています。

「何か楽しいことないかな」と思ったとしても、なかなか思いついたりすることはありません。ときめくようなことは、ドラマの主人公だけに起きるような気がしてしまいます。

多くの人はこのように感じていますから、日常でサプライズしてもらうことはとても嬉しいことなのです。

だからこそ、サプライズは何気ない日常生活で行うべきなのです。

先ほどのモテる男の例は、まさにその優れた例といえます。同じような日々の繰り返しと思っていたところに、花を贈ってもらうという予想もしない出来事が起きればどうでしょうか？

あなたが女性の立場であれば、きっと嬉しいでしょう。

男性側としても、相手の喜ぶ顔が見られてきっと満足だと思います。


モテる男は「どうすれば相手がもっとも喜ぶか？」ということを「想像」しているのです。

相手が感じる「痛み」（変わらない日常生活への不満）や「期待」（私もドラマの主人公のようなシーンを体験したいという思い）を想像します。

場合によっては、雑誌や本や周囲の人にリサーチをするのです。


そして、それを解消してあげるように演出します。

「こんなこと起きたらいいな」と相手が思うことだったり、「まさかそんなことは自分には起きないだろう」というポイントを攻めるのです。

このことを理解しておけば、花を贈るだけがサプライズではないこともわかると思います。相手の持っているカバンが少し古びているようであれば、誕生日プレゼントのチョイスはカバンにしてみるなどでもいいと思います。

喜ばれるサプライズは、どれだけ相手のことを考えられるかが重要です。

そういった意味では、サプライズは記念日の前に何をあげるかを考えるのではなく、普段から相手のことを思うことで初めて成功すると言えるでしょう。

32
モテる男は、相手の日常にサプライズを仕掛ける！

33

モテる男は「コスパを時には無視し」嫌われる男は「いつもコスパだけ考える」

自分がお金を払う対象が値段と釣り合う価値があるかどうか考えるのは、とても重要です。特に使えるお金が少ない場合だと、普段よりももっと考えるようになります。

自分が対象に対して払ったお金と同等、もしくはそれ以上の価値を感じない場合は、お金を出さないのが賢い選択といえます。

しかし、価値というのは曖昧なもので、一概に計れるようなものでもありません。

一見すると役立たないものでも、そこにあるだけでなんとなく幸せを感じてしまう……。

いわば、そのもの自体が「好き」で、どんな現実的なリターンを自分にもたらすかは度外視して購入してしまうものなどもあります。

例えばファンになったアーティストのグッズなどは、その典型と言えるでしょう。

うちわなどはどこでも買えますし、すでに何個か持っている可能性もあります。しかも、普通のうちわよりは高い金額です。

しかし、感情的に高い価値を感じてしまうので、多少高いとしても買ってしまいます。この場合だとうちわよりもそのアーティスト自体が「好き」なので、うちわをすでに持っているかどうか、使うか使わないかに関係なく購入します。

こうしたものは、一見、無駄遣いのように思えます。

しかし、コスパを無視して「好き」を優先させることも、時には必要なのです。

逆に、「これが役に立つかどうか？」「コスパがいいのか？」ということだけを考えて生きるというのは、ちょっと一緒にいても楽しくない考え方と言えるでしょう。

本人としても楽しくはないと思いますし、周囲から見ても「なんとなく生きづらそうだなぁ」と思ってしまいます。

もちろん使えるお金の範囲内でとはなりますが、「好き」という感情に素直になり、お金を使ってみてください。コスパを考えて罪悪感を覚えながらお金を使うよりも、きっと幸せな経験になるでしょう。

モテる男はこのことをよく知っているので、自分の好きなものに対してはお金を払うことに罪悪感を覚えません。

女性との食事についてもコスパで考えず、その人との時間をいかに楽しむか？にフォーカスしています。ですから、安いところですまそうとはせずに相手が喜んでくれる食事の場所を探します。

そして奢るときにも、決して恩着せがましくならないように注意します。なぜなら、いくら払ったから相手の気持ちが動くだろうとは考えておらず、**あくまで好きな人物とどれだけ楽しい時間を過ごせるかを第一に考えます**。

嫌われる男はコスパ重視なので、いかに費用対効果がよいところで食事をするか？だけを考えます。奢るときにも「これだけ払ったんだから、自分のことを少しは好きになってくれてもいいだろう」と恩着せがましい態度でいます。

少しでもそういう思いがあれば、それは相手に伝わります。

会計は女性が席を外しているときにして、支払いの様子を見せないようにしたりする気遣いがあるといいでしょう。

お店を出る際に女性が「私の分も支払います」と言ったとしても「君みたいな素敵な人と食事ができたんだし、いらないよ」「面白い話が聞けたから、別にいいよ」などと言って、相手が負担を感じないようにしましょう。

あなたがもしもモテる男を目指すのであれば、好きな対象についてはコスパを一度忘れてみてください。

そうすれば、女性と食事に行く際には、「自分と一緒に食事をしてくれてありがとう」という感謝の念がわいてくるはずです。会計の際にもスマートな態度になるでしょうし、逆にいえばそうした感謝ができる相手だけと、食事を楽しむようになるでしょう。

結果、同じお金を使うのでも、お互いに何倍も楽しい時間を過ごせるのです。

33 モテる男は、好きな相手との楽しい時間のためにコストを払う！

34

モテる男は「お酒の飲み方」を勧めて嫌われる男は「お酒」を勧める

私自身はお酒が弱いこともあり、あまり飲む機会はありません。

ですが、お酒を飲む場を活用することはあります。

お酒を飲む場は職場や打ち合わせの機会以外で、仕事先の人の人柄を知るよい機会となるからです。

もしもあなたがお酒を飲めるのであれば、私個人としては羨ましく思います。程よい酔いの中で、楽しい時間をきっと過ごせるのでしょう。

しかし、そうしてお酒や場を楽しみ活用するならいいのですが、逆によくない思い出を増やしてしまうのは考えものです。お酒を飲むと気が緩んでしまうため、つい失態を晒してしまった……という話は、どこでも耳にする話です。

お酒に限らず何かしらハマりやすい趣味も含め、あなたにとっての「嗜み」と言える距離感を知っておきましょう。

世の中にあるものをすべて活用する義務も必要もありませんが、うまく使えるものは使った方が賢い選択と言えます。

お酒をあまり飲めない私は、以前は誘われてもつい敬遠していました。

しかし最近は、途中からお茶やジュースに切り替えることで、お酒の席を他の皆さんと同じように楽しめるようになりました。

お酒が苦手な人は、何もお酒を飲む必要はないのです。

もちろん、お酒の席で仲よくなることだけがすべてではありません。

お酒の席に行かないからといって縁を切られてしまったり、疎遠になるのであれば、その程度のご縁です。

ただ私の場合は、お茶を飲むのと同じ感覚でお酒を飲む場を使うようになってから、だいぶ交友関係が広がったように思います。その際にも、自分にとっての適度な量を心がけるようにしています。

私の知っているモテる男は、お酒の席でも非常にスマートです。

私のようにお酒が弱い者には無理にお酒を勧めませんし、本人も自分のペースで飲むことを楽しんでいます。

また、**酔いたいから飲むというよりも、好きなお酒の味を楽しむということを念頭に置いているようです**。

例えば、モテる男はつまみとの相性を確かめながら飲むなどして、丁寧にお酒を嗜む癖がついています。

そのせいなのか、彼はそれぞれのお酒に合うつまみを熟知しており、それをネタに話題を咲かせることもできます。日本酒なら日本酒、ウイスキーならウイスキーに合うつまみの話題を話すのです。「あ、じゃあメニューにそのつまみがあるから、頼んでみようか」などと、一緒にいる人の新たなお酒の世界をさりげなく開拓してくれます。

お酒の席でそうした知的さがあるのは、とてもカッコイイと思います。落ち着いた大人の男に見えますし、実際、彼は女性からの評判も高いです。

嫌われる男はこうした振る舞いができないので、ただ酔うためだけの乱暴なお酒の席になってしまいます。お酒の味やつまみとの組み合わせをみんなと楽しむという発想もないので、酔いに任せて愚痴をこぼすだけです。

果たしてそんな姿を見て、誰がまたその人とお酒を飲みたいと思うでしょうか? まさに、お酒に支配されてしまっている悪い例と言えるでしょう。

お酒というのは、コミュニケーションツールの1つです。

お酒を有効に使う方法を心得ていなければ、思いもよらぬところで嫌われる男の仲間入りになってしまいます。

ぜひ、お酒をあなたの人間関係においても有効的に活用してみてください。

34
モテる男は、お酒の味を楽しむ!

35

モテる男は「漫画が好き」で嫌われる男は「漫画はくだらない」と思う

遊びというのは、あなたの経験の幅を広げてくれます。

私が特にもっと遊べば良かったと思うのは、コーチングをしている際にたとえが足りないなぁと感じるときです。

「この心の作用は、他でたとえると……」といった感じで、その人にもわかるように説明したいとします。

もしもここで私の経験の幅が広ければ、「これはサッカーと同じで」とか「料理と共通することなんだけど」などとさまざまな分野に置き換えてたとえることができます。

私自身は球技のスポーツがあまり好きではなく、あまり遊んだこともありませんでした。

そのため、男性のクライアントに対して球技でたとえることができたら、どんなにわかりやすいか……と思う場面が多々ありました。

そのような意味で、**あなたの経験の幅が広がれば、それだけ仕事上でもより高い評価を**

相手にもらえるでしょう。

仕事だけでなく遊びの時間を持つことでメリハリができ、より集中して仕事に取り組むことができるでしょう。また、遊びによって余裕ができれば、他の人への接し方も変わり、好かれるようになるかもしれません。

スポーツだけでなく、漫画やゲームといった遊びも、私は十分にあなたの魅力をアップさせるものだと思います。

もしかすると、あなたは「漫画なんて……」「ゲームなんて……」と思っているかもしれません。

しかし、私は漫画やゲームから学んだことがたくさんあります。そしてそれは今の仕事に十分に役立っており、私の人生をより素晴らしいものにするのに必要だったと考えています。

なぜなら、漫画やゲームに含まれる物語には、私たちの心に関する深い学びが隠されているからです。名作と呼ばれる漫画やゲームは、多くの人の心を震わせることができるからこそ、名作と言われます。

そこから何を学ぶことができるかはその人自身に委ねられますが、それは本などでも同じことです。

例えば、こんなストーリーをあなたも見たことがあるでしょう。

主人公は、平凡で特別な才能はなかった。最初はそれでもよかったが、あるとき悪の組織との勝負に負けてしまう。自分を変えるため、主人公は自らの師となる人物を探す。師から教えをうけて悪やライバルにも勝てるように成長する。最終的に主人公はヒロインと結ばれる……。

多くの物語が、このようなストーリーの流れになっています。

この流れを私は自分の人生に置き換え、辛い状況にあっても「そうか、今は新しい師を見つけ、成長するべき段階なんだ」と努力するようになりました。

実は私は学生時代にはずっと女性が苦手でしたが、「あくまで主人公が最初に悪やライバルに打ちのめされる段階の話だ」と考えて努力することにしました。そのおかげで、今はこうして専門家として活動できています。

35

モテる男は、経験の幅を広げるために遊ぶ！

一切遊ばず、ただただ働くことも、私は素晴らしいことだと思います。しかし、遊びがなければ多くの人はいつか壁にぶつかってしまうでしょう。

モテる男はこのことを理解しているので、学ぶ媒体や機会を、仕事に関連するもの以外に持っています。時には積極的に漫画やゲームをして経験を広げます。

嫌われる男はそうしたことができることを知らないので、頭ごなしに「漫画やゲームなんて、時間の無駄。やっているやつの気が知れない」なんて言ってしまうのです。

モテる男は、自分の心がぎゅうぎゅうにキツくならないように、適度に遊ぶことをします。遊ぶことによって経験の幅を広げたり、リラックスすることで気持ちの余裕を持つことができます。

より深い学びを得るためにも、遊ぶことは必要と言えるでしょう。ぜひあなたの毎日にも、漫画やゲームなどで遊ぶ習慣を取り入れてみてください。結果的に、仕事とプライベートの両方がさらにうまくいくようになるでしょう。

36

モテる男は「食事の時間を目一杯楽しみ」嫌われる男は「スマホをいじる」

モテる男は、食事の味だけでなく盛りつけ方や、お皿のデザインなどをめいっぱい楽しみます。**目の前の食事に意識を集中することで、その食事から何倍もエネルギーを得られるのを知っているからです。**

しかし、嫌われる男は食事の味すら楽しむことなく、意識はスマホなどに集中したまま……。いえ、食べながらスマホをいじるのですから、結局どちらにも集中できてはいません。結果として、食事からモテる男のように高いエネルギーを得ることはできないのです。

私は食事中に、iPhoneで動画の再生や、ネットサーフィンをしながら食べてしまうことがありました。マナーの話は置いておいて、食事をしながら情報収集をするという点においては、効率的に思えたからです。

しかし、当然といえば当然なのですが、あるときふと時計を見て「あれ、もうこんな時間か」と驚いたことがあります。限られた時間を有効的に活用したいと考える上では、どうにもかけた時間に対して得ているものが少ないように感じました。

そしてこれは感覚的ですが、食事に集中していない分、何を食べてもあまり美味しいと感じていない自分がいました。


1人でも「ながらスマホ」は時間がもったいないと感じましたが、友人と一緒に食事をしているときは、なおさら時間がもったいないと感じました。

以前、友人と食事に行った際に、2人でスマホをいじりながら食事をしていたことがあります。まわりから見れば、「あの2人はなんで一緒にいるんだ?」と思う光景です。

何か2人で調べ物をしている瞬間なら仕方ありませんが、せっかく友人といるのにもったいないことだったなぁと今では思います。

会話もはずむことがなく、なんとなく一緒にご飯を食べているだけ……という良くも悪くもない時間で終わってしまいました。


目の前の食事を楽しみながら話をするのと、スマホ片手に食事をして話すのとでは、会話の質も食事の味も格段に違います。

要は、自分の目と脳のフォーカスがどこに向いているか、なのだと思います。

モテる男は、相手と話すときには気持ちを相手にだけフォーカスさせます。

そうすると、相手に「自分のことを真剣に考えてくれている」とわかってもらえるからです。

私の知り合いでそのように会話をする男性がおり、彼と会話をする女性は一瞬にして気持ちを彼につかまれます。彼は食事中、相手との話の内容以外は一切考えないそうなのです。

これを聞いて私は「スマホをいじらないからといって、相手に１００％気持ちを向けていなければ、同じことだな……」と反省しました。

スマホをいじらずに、ただぼけっと食事をすればいいかというと、そうでもありません。それはそれでどこか虚しく、食事を楽しめている感じはしませんでした。たしかに食事の時間自体は早く終わるのですが、あまり美味しいとは感じないのです。

どれだけ能動的に目の前の食事に取り組むのか、ということが大切なのです。

私の場合、**最も食事を楽しく、そして時間的にも満足できたのが「どのように食べたら**

一番美味しいんだろう?」と考えながら食べたときでした。そうすると、不思議と同じ料理でも美味しく食べることができ、時間としても満足できる長さだったのです。

面白いのが、友人との会話を楽しみながら食事をしていると、自然とこうした思考になっている自分がいたのです。恐らく、自分が感じたことを友人と共有したいという思いが、そうさせるのだと思います。

あなたもぜひ、友人や女性など誰かといるときはせめてスマホをカバンの中にしまって、思いっきり目の前の料理を楽しんでみてください。

モテる男は誰かといる時間と1人でいる時間の両方を楽しもうとします。それは食事のときでも同じで、目の前の料理だけでなく、一緒にいる人とどれだけ楽しめる時間をつくれるかを考えるのです。

36

モテる男は、食事の時間も相手のことを真剣に考える!

37

モテる男は「仕事でも遊び」
嫌われる男は「仕事では遊ばない」

モテる男は、仕事でも遊びを入れます。

もちろん不真面目に仕事をやれということではありません。

あなたは真面目な人ですから、仕事上でふざけることはあまりないかもしれません。もちろん、気を抜くといけない場面では、しっかりと集中する必要があります。

オンオフの切り替えは大事ですが、仕事上で何の遊びがないのもつまらないものです。

それまでの延長線上では同じ成果しか出ませんし、遊び心を加えることで、思わぬ優れた結果が出ることがあります。

例えば、私はコーチングの際、「ここでなんとなく今思いついたメソッドを試してみると、よりよい結果が出るのでは？」と思うことがあります。

ある日、私がコーチングの場で思いついたメソッドを試してみました。

イメージングを使ったワークだったのですが、体験したクライアントはその後1カ月以内に恋人をゲット。遊び心がクライアントの恋愛に大いに役立ったケースでした。

これは一種の遊び心です。他の分野でたとえるなら、料理で何かをつくっているときに「この食材を加えると、もっと美味しくなるのでは？」とアレンジしてみることだと言えます。

それを楽しいと思えるか、はたまた恐ろしいチャレンジと考えてしまうかは人によります。

誤解のないように言っておきますが、目の前のクライアントで実験をしてみよう！と言っているわけではありません。

いつもと違うアプローチを取る際も、大筋のやり方は同じにしましょう。そして万が一いつもと違うアプローチが失敗したとしても、修正が効くようにしてください。

こうしてきちんとリスクヘッジをした上で遊び心を加えると、時にはそれまで予想もしていなかった、素晴らしい成果が出ることがあるのです。

逆に全く遊びを入れなくて、私もクライアントも満足しにくいコーチングになってしまったこともありました。

初めて会うクライアントであれば、自己紹介が終われば近況のカウンセリング。そこから目標を設定したら、今後の行動プランを一緒に考えます。行動にあたり心のブレーキがあれば、それを外すためのヒントを話したりワークをする。最後に、次回までの課題を話して終わりです。

シンプルにいえば、私がコーチングの現場でしているのはそれだけです。

「遊びを入れず、決めた流れからそれてはいけない」という意識だと、どうしてもコーチングの質が低くなってしまいます。

流れから外れないようにすることへ意識が集中してしまうため、目の前のクライアントにフォーカスすることが難しくなってしまうのです。これでは、お客さんに嫌われるコーチになってしまいます。

これと同じことが、あなたの仕事（オン）における遊びでも言えます。

例えば会社で何かを発表する機会があれば、スライドの文言にちょっとした遊び心で、そのとき流行っているお笑いのネタを入れてみましょう。

カジュアルな雰囲気の会議であれば、こうしたことは許されますし、むしろみんなを飽きさせないための工夫としてはいいでしょう。

モテる男は、こうした相手に対する気遣いから仕事に遊びを取り入れます。

いつもの仕事に、遊び心で少しの調味料を加えてみるのです。そうすることで、同じ仕事でも新たな扉が開くでしょう。

37

モテる男は、相手を飽きさせない工夫をする！

38

モテる男は「愛する遊びをし」 嫌われる男は「愛せない遊びをする」

あなたがしている遊びは、本当に好きなものでしょうか？

「もちろん遊びなんだから、好きなことをしているよ」とあなたは思うかもしれません。

しかし、意外と他人から認められるような遊びをしている人が多いのです。

あなたは「○○が趣味の男性はモテる」という話に踊らされていませんか？

例えば、モテるという話を聞いてゴルフを始めたけど、全然面白くない……という人。

また、取引先とゴルフの付き合いがあるから、仕方なく週末に学んでいる……という人。

こうした人たちにとっては、ゴルフは愛せない遊びとなってしまいます。

そうすると、平日でどんなに充実した仕事をしていても、週末には「愛せないことをやっている自分」に逆戻りです。せっかくの休日なのに、リラックスにもなりません。

やりたくないと思っている行動をむりやりすると、心に悪影響を与えてしまいます。も

ややとした感情が起き、あなたの「自分はダメな人間である」というセルフイメージにつながってしまうのです。

周囲の人から見ても、他人からやらされている感じから、ダメな人という印象を与えてしまいます。

そうした人たちとは反対に、ゴルフが大好きで平日も週末も仕事が終わればゴルフ漬け、という男性もいます。

彼らはゴルフをライフワークとしているので、実際に練習したりプレーするときは、キラキラと輝いています。まさに少年のような笑みでゴルフをするので、純粋なエネルギーを発しているその男性に対して、一緒に練習やプレーをする女性もつい心を許してしまいます。

普段の真面目な仕事姿とのギャップがあれば、なおさらです。

「この人、こんな表情もするんだ。なんか可愛いかも」と思う女性も多いでしょう。

モテる男は、愛する遊びをする中で、女性の気持ちもつかむのです。

このように、ある部分では「私は素晴らしい」と考えられたとしても、他の部分で「私はなんてダメなんだ」と強く思うと、セルフイメージがマイナスになる傾向にあります。それは、ある部分を切り取ったものではなく、あなたが過ごす1日や1週間を総括してのものです。


あなたがやることは、2つに1つです。

1つは、愛せない遊びをすっぱりとやめてしまうこと。

もちろんこれがベストだということは、あなたは百も承知でしょう。

しかし、先ほどの例のように取引先とのお付き合いという場合、「それができないから困っているんだ！」と思う方には有用ではありません。


もう1つは、愛せない遊びの中にある、愛せる部分を探すという方法です。

どんなものにも、メリットとデメリットは同じ数だけ存在しています。

そのバランスを取ることができれば、あなたはその対象を愛することができるでしょう。

まず、あなたが愛せない遊びについて感じている嫌な部分を書き出してみてください。

そして、それと同じ数だけ愛せない遊びについて「好ましいな」「これはメリットかも」と思う部分を書き出してみるのです。
あなたが思うよりもその遊びは、あなたにとって素晴らしいものを授けてくれる場合があります。以前からなんとなく感じていたのであれば、再認識することで前向きにその遊びに取り組むことができるでしょう。

モテる男は、愛せる遊びをするので、キラキラと輝いています。
どんな遊びにも楽しいことはあります。ぜひ探してみてください。

38
モテる男は、自分が輝くような好きな遊びをする！

Column

理想に近づける！「モデリング」

モデリングとは、対象の行動や言葉を真似すること。

例えば、あなたが参考にするべき男性の話し方や姿勢、考え方などをコピーすることを言います。一から自分で考える時間をかけずに、人間関係をよくすることができるのが素晴らしい点です。

もちろんプライベートだけでなく、仕事面でもこれは使えます。

あなたが目指したい！と思う男性の真似をするのです。

私は、営業の仕事をしているときにその職場で一番売れている人のマネをしました。所作や話し方、声のトーン、雰囲気までコピーするのです。結果として、一気に成績を伸ばすことができました。

ただし、対象のすべてを真似しなくても大丈夫です。相手が結果を出している原因や理由は限られていますから、その部分だけをコピーすればいいということになります。

ただ、そうはいっても最初はどの部分が結果に影響しているのかがわからないかもしれません。ですので、慣れないうちはすべてを真似してみてもいいでしょう。そして徐々に結果とは関係なさそうな部分を省いていき、自分に合うように調整していきます。

相手によい影響を及ぼしているのは、モテる男性の話し方なのか？ 話題の振り方なのか？ それとも会話のテンポなのか？ もしかすると、相手への気の使い方かもしれません。

さまざまな男性の素晴らしい点をモデリングすることで、理想のモテる男に近づくはずです。

Chapter 6

モテる男の「考え方」の習慣

39

モテる男は対立したら「メリット・デメリット」を探し 嫌われる男は対立したら「共通点」を探す

モテる男は、2人の意見が対立した際に、無理に自分の意見を通そうとはしません。「これら両方を叶える選択肢はないだろうか？」と考えるようにしています。それは往々にして、少し時間を置いて落ち着いて考えてみると、浮かんできます。

人間関係において言えば、ある選択肢を取ればAさんは満足するが、Bさんは満足しないという状況があります。その場合には、2人が満足する選択肢を新しく考えるのです。

こんな例があります。

A子さんはB男くんと恋人で、一緒に住むことにしました。

しかし、2人のインテリアの趣味は真逆です。

ここでA子さんの趣味を優先させれば、B男くんには不満が残ります。逆にB男くんの趣味を優先させたとしても、A子さんが不満を感じてしまいます。

「あなたの好きにしていいよ」と自分が我慢をする、という選択肢もあります。

しかし、A子さんとB男くんの場合は同じくらいインテリアに対してこだわりがあります……。

あなたなら、どうしますか？


実はこの問いには、決まった正解はありません。

「お互いが最高に満足するインテリアにする」と1つの目標を決めていれば、2人で納得できる答えを出すことになるでしょう。

例えばそれは、家の中のある場所についてはA子さんの好みで、違う場所についてはB男くんの好みにするという方法かもしれません。または、2人が好きな今のインテリアの感じではなく、全く新しい雰囲気に挑戦してみるという選択肢かもしれません。

一見するとインテリアの好みが対立していることが問題のように見えますが、そこにフォーカスする必要はないのです。

意見が対立したときの解決策は、「お互いが満足するにはどうすればいいのか？」の答えである共通点を見つけるということです。

2人の意見が対立したように思う場面では、逆にチャンスだと考えてみてください。じっくりと話し合う中で2人の仲が深まるよい機会なのです。

今回の例でいえば、B男くんはA子さんと話し合う際に、「ちょっと提案があるんだけど、いいかな？」と許可を得るように話すといいでしょう。

相手としても話を聞く姿勢ができるので、じっくりと2人が納得するまで話せます。

また、**話し合う際にオススメなのが、紙にお互いの希望を書き出してみる方法です。**

そうすることで頭の中が整理され、お互いの共通点が見えやすくなります。

さらに、思ったよりも重要ではなかった部分が出てきて「ここは譲ってもいいかな」と思えることもあるかもしれません。

相手としても「この人はこういう希望なのか」と一目でわかるため、冷静に話し合う雰囲気ができます。

また、話し合いで解決策を出す方法は「説得」だけではないことも覚えておきましょう。

私たちはつい、相手のデメリットや自分のメリットを主張し、相手に勝とうとしてしまいます。

「こういう雰囲気のインテリアの方が、こういう理由でそっちより優れている！」という話し合いにならないように注意してください。

「こういう雰囲気のインテリアは自分はこういう理由があって好きなんだけど、きみはどう思う？」という聞き方に変えてみましょう。

大事なのは、最後に相手の意見も聞くということです。そうすることで、片方が意見を言いっ放しにする会話ではなく、双方のコミュニケーションが促される会話になります。

モテる男はこれができるので、仕事でもプライベートでも、深い人間関係が築けるのです。

39 モテる男は、意見の対立で仲を深める！

40

モテる男は「自分が好きで」
嫌われる男は「大勢の人に好かれたい」

あなたは自分の感情を無視して生きてはいませんか？

モテる男は徹底して、自分の感情と向き合っています。自分の心に迷いが出たときや人生の方向性がわからないときに「今、自分は何を感じているんだろう？」と問いかけるのです。そして、自分が納得できる生き方をしようと努力しています。

好きな生き方をするには多少の苦労はありますが、自分を好きになることができ、自信を持って日々を生きることができるのです。その自信が、人を惹きつけます。

反対に嫌われる男は自分と向き合うことを避けて、短絡的な快楽に走ってしまいます。

その方が楽ですし、「自分に悪いところはない。自分を好きになれないのは、他人のせいなのだ」などと責任逃れもできるからです。

自分と向き合うことをせず、ただ思考を麻痺させるためにお酒を飲んだり、大して好きでもない女性と一夜の関係を持ったりと、辛い現実から目を背けるような行動をします。

しかし、これでは一生自分が納得できる生き方をすることはできません。

嫌われる男は、自らを嫌う生き方をしているのです。


実際に私の友人で、自分と向き合うのが嫌で女性とワンナイトラブをしたり、記憶を失うほどお酒を飲む行為を繰り返していた男性がいました。彼は毎回「もうしないぞ」と言いながら、しばらくして「またやってしまった……」と私に電話やメールをしてくることがしょっちゅうでした。

話を聞いてみると、原因は、彼の仕事にありました。今の仕事のやり方がどうしても好きになれず、また好きになれない自分自身を責め続けていたのです。自信を持ちたくて複数の女性と関係を持ち、女性や友人から縁を切られてしまったこともあったそうです。

彼は時間をかけて自分の気持ちと向き合い、少しずつ仕事のやり方を変えていきました。また女性やお酒でストレスを発散するのではなく、ジョギングを始めました。

時間はかかりましたが、今の彼は以前よりもずっと自分に合った仕事のやり方ができるようになっています。乱れていた女性関係も整理し、今では1人の女性に気持ちを寄せているそうです。

自分の感情や思いと向き合うというのは、辛い作業です。

それが好きという人もいますが、基本的には苦痛を伴うものでしょう。

自分の弱い部分や至らないところを直視しないといけないため、普通であれば避けたいものです。

しかし、だからといって自分と向き合うことなく、自分から逃げてしまえば、答えからはむしろ遠のき、自分ではない他人の人生を生きることとなるでしょう。

そうなれば、自分を好きになるということからは程遠くなってしまいます。


少なくとも、嫌いでない状態になればだいぶあなたは人生を平穏に過ごせるはずです。

「自分が今何を感じているのか？」

「何を恐れているのか？」

「本当は何を望んでいるのか？」

他人の視点からではなく、あなたの視点でそれを考え抜いてください。

たとえ今一緒にいる人から嫌われそうな答えが出たとしても、意思を貫いてください。

あなたがあなた自身を本当に好きにならなければ意味がありません。その上であなたのまわりにいる人が、本当の仲間と言えます。

本書を読んでいるあなたはもちろんモテる男を目指しているはずですから、自分を好きになれるよう、自分と向き合う作業というは避けて通れません。

であればぜひ、今日からその癖をつけていきましょう。

何か目の前のことに違和感を持ったときに、「自分はなぜ、そう感じたんだろう?」と問うことからスタートしてみてください。

さて、あなたは、どのような問いに自分と向き合って答えを出しますか?

40

モテる男は、自分の心に正直に生きる!

41

モテる男は「泣き」嫌われる男は「空元気を出す」

多くのビジネス書や自己啓発書では、ネガティブは否定されポジティブが推奨されています。たしかに前向きに考えることで、事態を好転させるアイデアが浮かぶこともありますし、今の人生を前向きに捉え、よりよくしようとすることを私も否定しません。

むしろそれは、どんなときでも失いたくない姿勢と言えます。

こと感情において、ネガティブというのは否定され、ポジティブな感情だけがもてはやされます。喜び、楽しさ……。たしかにこれらは人生で増えると嬉しいものです。

ですが、私たちは、時にはどうしてもネガティブな気持ちになってしまう生き物です。悲しいことがあったとすれば、泣きたくなることもあるでしょう。

そうした瞬間に、「いや、泣いてはダメだ。ネガティブはいけない」と考えるのは、自分の感情に蓋をしてしまう行為です。

悲しいときは泣いたり辛い気持ちを口に出したりして、思いっきり悲しんだ方がスッキリします。そして、きちんと感情を処理できた自分をもっと好きになれます。

自分の感情を見て見ぬ振りをしていては、前に進めません。

ポジティブも、ネガティブも両方含めてあなたです。それを片方しか認めないというのは、嘘をついて生きているようなもの。

これはあなただけではなく、パートナーや周囲の人に対する態度にもあらわれます。ポジティブな面しか見せなければ、相手が悲しんだときにあなたは相手に寄り添った言葉をかけてあげることもできないでしょう。

ネガティブな感情があるからこそ、そのときの暗い感情を理解して相手を癒すことができるのです。

ポジティブとは上を向いて歩くこと。ネガティブとは下を向いて歩くことと考えてみると、わかりやすいでしょう。

上を向けば、大空が広がります。たしかに清々しい気持ちになるでしょう。しかし、どうにも危なっかしい歩みとなります。

反対に下を向けば、足元に注意することができます。誤って転んでしまう可能性が低くなり、しっかりと歩けます。

ただ、どちらか片方だけでは、前をしっかりと見据えて歩くことはできません。

両方ができてこそ、楽しく、そして安全に歩みを進めることができるのです。


モテる男は、時にはネガティブな感情が必要なことをよくわかっています。


彼らは普段のできる姿からは想像もできないくらいに、感情を素直に出します。

もちろんＴＰＯはわきまえますが、悲しいときや辛いとき、また嬉しいときも、大粒の涙を流すのです。

そして、オープンに感情を共有できる環境をつくりだすことで、周囲にいる人間にも「この人の前では私も素直でいいのだ」と思わせてくれます。

そうした安心感を与える人と、皆関わりたいと思うものです。

逆に嫌われる男はこのことがわかっていないため、自分の感情に一切の蓋をします。

悲しいときにも「全然、自分はなんとも思っていない」という態度で生きています。

一見カッコイイようにも思えますが、どんどんと未処理の感情が積み重なり、自分が本当は何を感じているかもわからなくなってしまいます。

まわりからも「この人は何を考えているんだろう?」と思われてしまい、コミュニケーションの取りづらい人だというレッテルが貼られてしまうでしょう。いずれ距離を置かれてしまいます。


私たちの持つ感情というのは、うまく使えば他人と心を深く繋げることのできる素晴らしいものです。

ぜひ、ポジティブな感情もネガティブな感情も、素直に感じるようにしてみてください。

その許可を出せるのは、他でもないあなた自身になります。

41 モテる男は、ネガティブな感情を大切にする!

42

モテる男は幸せになるため「過程を楽しみ」
嫌われる男は幸せになるため「結果を求める」

モテる男は、今の自分の人生にできるだけ幸せを見出そうとします。彼らは、幸せを感じるプロフェッショナルです。

「いや、自分はまだまだ幸せには達していない。貯金もないし、素晴らしいパートナーもいない。仕事だってこれから出世しないと……」

このように、あたかも幸せになるには特定の条件をクリアする必要があるように、私たちは思いがちです。

もちろん、パートナーと結ばれることや出世すること自体は素晴らしいことです。

しかしそれは、あくまで一時的な高揚や安心感をもたらすもの。

状況は変わりますし、パートナーができたり仕事で出世したりしても、その先にはまた同じように「これがないといけない」と考える状況が発生してしまいます。

つまり、次から次へと幸せになる条件が現れてしまうということです。

それでは私たちは、どうすれば幸せを感じることができるのでしょうか？

私からの答えとしてはシンプルで、「過程を楽しむ」ということです。階段を上りきるのを幸せの目標にするのではなく、階段から見える景色を楽しむのです。今この瞬間からでもできます。


「それは綺麗ごとだ！」とあなたは思うかもしれません。

しかし、人生において何かを達成した瞬間は一瞬です。つまり、目標に向かって行動している時間の方が多いわけです。そこで幸せを感じられる人とそうでない人であれば、あきらかに前者の方が一緒にいて楽しいでしょう。

過程を楽しめる人の幸せな雰囲気には、まわりにいる人に「この人ともっと一緒にいたい」「この人の話をもっと聞きたい」と思わせる魅力があります。

また、「この人は他の人とは違う。なにか幸せでいる秘訣があるんじゃないか？」とまわりにいる人は思います。

人間の心理として、自分の知らない得する情報というのはどうしても知りたくなってしまいます。それが日常で幸せを感じられる秘訣だとすれば、なおさらです。モテる男は過程を楽しむだけで、そうした人の欲求まで刺激してしまいます。

モテる男は、仕事や恋愛において言えば、何か目標を設定したときに、できるだけその過程も楽しむようにしています。

例えば、あなたが何か商品を販売する仕事をしているとしましょう。あなたはモテる男の習慣を実践し、日常におけるプロセスで幸せを感じるようにしたとします。

すると、「あなたから買いたい」という、いわゆる指名買いが起きやすくなるのです。恋愛でいえば、「他の人じゃなくて、あなたと付き合いたい」と言われやすくなります。今この瞬間に幸せを感じられる人は、それほど強い力を持つことができます。

もちろん、人生では楽しめない局面もあるでしょう。

親しい人との別れだったり、夢への挫折などによって心が折れてしまうこともあります。

そうした経験をすること自体が喜びだというつもりは、私はありません。

楽しめない状況では、悲しんでいいのです。

ただ悲しみ続けるのではなく、新たに楽しめることを探して幸せを見出してください。

亡くなった人との楽しい思い出を振り返ったり、新しい夢を探したりすると、前を向いて歩けるようになります。

私の知人に多額の借金を返済するために、4つの仕事を掛け持ちしていた男性がいます。普通、そんなに働くのは誰だって疲れますし、精神的にはかなり辛い時期だったでしょう。しかし彼自身はそんな辛い時代についても、「たくさん仕事をした分、その後のキャリアに役に立つ経験を多く積めた。何より、働いた分だけ人の役に立ててよかった」と振り返ります。

彼のそうした前向きな姿勢が、人を引き寄せるのでしょう。

今も彼はモテますし、借金があった当時も女性との出会いを積極的に楽しんでいたようでした。

楽しいことにフォーカスするのか、それとも昨日あった嫌なことにフォーカスするのか、幸せを選ぶのか、それとも不幸を選ぶのかは、あなた次第なのです。

42 モテる男は、辛いことも楽しめる！

43

モテる男は「自分で決断し」
嫌われる男は「相手のいいなり」

あなたは、子どもと大人の違いは、何だと思いますか?

私は、人生を自分でつくっているのか、それとも他人につくってもらっているのか、というのが1つの基準だと思います。他人につくってもらうというのは、他人の望む生き方をしている、とも言えます。


子どものままの生き方をする男と、大人の生き方をする男。

どちらがモテるかといえば、言うまでもありません。

大人の方が「自分の人生を生きているという感覚」を持てるので、言葉にできないほどの充実感があるでしょう。

子どもの生き方は安全で、周囲の願望を叶えるものであれば、自分が好かれているような錯覚に陥ります。しかしそれは、「自分の望む生き方をしてくれるあなた」が好きなだけであって、「あなた自身」を好きなわけではありません。

例えば過去にあなたが付き合っていた女性で、「私の望む通りにして」と願望をたくさん押しつけてきた人はいませんでしたか？

まさしくそれは、「あなた自身」ではなく「自分の望む生き方をしてくれるあなた」が好きという典型例です。そうした女性は、あなたが自分の思うように動いてくれるあいだは愛情を注いでくれます。

しかし、あなたが「ノー」と言ってしまえば、もう愛情を注いでくれることはありません。嫌われる男はそれに気づいていても、ついそんな女性にしがみついてしまいます。

その関係に本当の愛はないので、そういった女性からはすぐに手を引いた方が賢明です。

子どものように「こういう人生で合っているよね？」と他人に許可をもらうような生き方は、リスクを他人に任せているので精神的には楽かもしれません。

ただ、大人のように「私はこういう人生を生きたい」と自らの望む道へと歩みを進めていく生き方の方が魅力的です。

もちろん他人に許可を得ていませんから、リスクは自分で背負います。

しかし、嫌われる男はリスクを負いたくないので「失敗のない方法」を模索し続けます。

例えば起業するときについても、嫌われる男は必要以上に起業講座に通ったりします。もちろん、そうした講座は体系立てて知識を教えてもらえるので、利用する価値はあります。

しかし、嫌われる男は、そこで誰かから「あなたはもう起業してもいいですよ」という太鼓判を押されなければ、前に進めません。さらに、一通り講座を受けたあとも、自分で踏ん切りがつかないために、何度も講座に通うことになるのです。

一方、モテる男は、起業講座に通った後に、きちんと実行に移します。つまり、実際にその資格を活かして仕事をしたり、収入を得るチャンスをつくろうとします。

モテる男はリスクを考え、どんどんとチャレンジしていくのです。

もちろん博打的なチャレンジではなく、「ここまでだったら大丈夫」というラインをきちんと決めておきます。起業であれば、いきなり会社を辞めるというよりも、まずは週末起業からやってみることを考えるのです。

これなら、平日の仕事で給料がもらえるため、たとえ失敗したとしても痛くありません。週末起業から入るお金が平日の仕事の分を上回ってから、安全に仕事を辞めるということもできます。

先ほどの話に戻れば、「あの人に言われたまま、こういう生き方をすれば好かれるだろう」「あの人がこう言っていたし、これが正解なのだろう」という生き方をするということは、まだ子どもの範囲を出ていないということになります。

ですが、本当に相手から愛されたいと思うのであれば、自分の考えで行動するようにしてください。

あなた自身が考えてつくった人生で、出会い、仲を深められる人たちだけが本物の仲間ですし、パートナーと言えると思います。

43

モテる男は、自分の意思で人生を切り開く！

44

モテる男は相手に「一線を引き」嫌われる男は相手に「一線を引かない」

他人から好かれる人は、距離を置かず、一瞬にして懐に入るような人懐っこさがあるように思うかもしれません。

しかし、近い距離感が好きな人と、そうでない人がいます。すぐに親しく……というよりも、時間をかけてじっくり仲よくなりたいという人もいるのです。

相手がそういう人だと察知した場合には、あなたはまずはきちんと適切な距離を置いて接する必要があります。

反対に、あなたが誰かにどんどん距離を詰められるということも経験するでしょう。「相手から親しい態度を取られる分にはいいのでは？」とあなたは思うでしょうか？

もちろん、あなたの感情的にも立場的にも、そのように距離が近くなって問題がなければ構いません。

あなた自身も、親しい態度を取ってくれる人にはつい何かしてあげたくなるでしょう。職場の後輩などであれば、なおさらです。その他にも、仲のよい友人に対しては、相手の抱える問題をまるで自分の問題のように「解決したい！」と思うこともあるでしょう。

しかし、それは相手の人生に土足で足を踏み入れる行為ともいえます。

私の知り合いのモテる男は、きちんと相手の抱える問題に対して距離を置いています。

私が「仕事で実は悩んでいることがあってさ……」と打ち明けると、「一体どうしたの？」と話を聞いてくれます。

彼がすごいのは、そこでむやみにアドバイスをしないことです。

私たち男性は「こうしたらいいと思うよ」と自分の経験や知識を、つい相談相手に言ってしまいます。

しかし、彼の場合はそうすることはなく、まずは相手の話をじっくりと聞きます。そうすることで、話を聞いてもらった方は「こんなことを言ったら否定されるかな？」と心配することなく、自分の中にある悩みをすべて話すことができるのです。

さらにこちらが感情的に落ちこんでしまっている場合でも、彼は無理に元気づけようとはせず、やはり静かに耳を傾けて話を聞いてくれるのです。

もう何年もの付き合いなのに、そうした態度を貫けるというのは本当にすごいなぁと思います。


これに対して嫌われる男は長い付き合いというわけでもなく、昨日今日知り合ったぐらいの関係性でも、すぐにアドバイスをしようとします。

まるで「俺はすべての人が抱える問題は解決できるぞ！」という態度です。こういう人に限って、相手がすでに知っていることをあたかも知らないていで話したり、間違った知識でアドバイスをしてしまいます。


こうしたケースを防ぐためにも、相手があなたにアドバイスを求めた場合は別ですが、それ以外では私は必要以上に声をかけることをオススメしません。

「いや、相手も助けを求めにくいかもしれない。ここは1つ、声をかけてあげるべきでは？」とあなたは思うかもしれません。

ですが、もしかしたらそれは相手が成長できる機会を奪う行為かもしれません。

また、相手もいい大人です。本当に必要な場合は自ら助けを求めますし、そうするように学習しておく方が賢いともいえます。

相手のことを信頼し、一線を引いて適切な距離で接してみてください。

あまりにも距離が近いと、相手の抱える問題を自分の問題のように感じてしまいますから、あなたが生きづらい要因にもなります。

距離感が近すぎると、相手からも無礼だと思われたり、しつこいと思われたりする原因になりますので、注意してください。

周囲の人とは、程よい距離感が必要なことを覚えておきましょう。

44 モテる男は、程よい距離感を知っている！

45

モテる男は「コンプレックスを楽しみ」嫌われる男は「コンプレックスに縛られる」

あなたが今、何かしらのコンプレックスなどの制限で悩んでいるのであれば、ある意味でそれはチャンスです。

「もうちょっと身長があればなぁ」
「時間が足りない」
「お金がもっと欲しい」

こういった自分に感じる制限というのは、考えようによってはあなたの人生をエキサイティングなものにしてくれます。

制限、例えば日常生活で夫婦で決めた掃除当番などのルールは、夫婦生活を円滑に進める上で守るべきものです。

しかし、時にはルールを守れない場面もあるでしょう。それはうっかりミスや、ルールよりも大切なことによるのかもしれません。

ルール自体は国や会社、家庭や友人など、人と人との間に無数に存在します。何かに書き記されていない暗黙のものを含めれば、それこそ数えればきりがありません。

私自身も、これまで生きてきた中で、すべてのルールを律儀に守れているわけではありません。

また「ルールが退屈だ」と感じる人も、中にはいるでしょう。ルールがあることで、なんとなく自分の人生が小さくつまらないものになっている、と思うかもしれません。

ここでちょっと思い出してほしいのが、夏休みの自由研究です。

特別にテーマが決められていない自由研究は、誰もが「何をしよう？」とテーマを決めることから頭を悩ませます。「これなら何か、科目や分野が決められている宿題の方がやりやすいのに……」とまで考えた人もいるでしょう。

私も昔、真っ白い画用紙に「さぁ、好きなものを書いてください」と言われて「書きたいものなんてないしなぁ……」としばらく呆然としたことがあります。

実は、私たちはある程度の制限がある方が、楽に課題を遂行でき、また楽しく活動できる傾向があるのです。

先ほどの掃除当番のルールも同様で、ルールがなければ、きっと面白くはないでしょう。例えば「トイレは自分の掃除領域だ！」と思えば、掃除のやりがいがあるというものです。「奥さんがこのトイレを利用したときに、びっくりするくらい綺麗にしてやるぞ」と考え、奥さんの担当しているリビングとは比べものにならないぐらいピカピカにしてみるなど……。

男性はこだわりが強いので、担当する区域を決めるだけでもやる気が出るでしょう。掃除グッズは面白い機能を持ったものや、意外にオシャレな見た目のものもあります。自宅の掃除用品すべてをこだわろうとすると大変ですが、まずは担当する区域を決めることで、掃除を習慣化しやすいのもメリットです。

もしも担当する区域がなければ、あまりに掃除する部分が多くて最初からやる気を失ってしまうかもしれません。

冒頭のコンプレックスの例で言えば、次のように考えると、今の自分を楽しむことができます。

「身長が低いということは、相手に圧力を感じさせにくいはずだ。安心感を自然と感じてもらえるなんて、すごいアドバンテージだぞ」

「時間がない中でも結果を出せるメソッドの研究ができる。今後そのメソッドは、同じような状況の人に対して大いに役に立つはずだ。時間術の本が出せるかもしれないぞ」

「お金がない中でもお金をふやす方法を知っていれば、将来何があっても安心だ。気持ちに余裕を持って過ごせる。これから、元手がなくてもお金をふやす方法を極めよう!」

こういった考え方の転換は、今現在のあなたを好きになるきっかけともなります。そもそもあなたが制限と感じているものは、むしろ強みとなる場合もあるのです。

ぜひあなたが持つ制限を楽しんでみてください。むしろ、制限をつくってみた方が、人生は楽しめるかもしれません。

45

モテる男は、コンプレックスも楽しむ!

46

モテる男は「使命感」があり 嫌われる男は「なんとなく」生きる

モテる男は、自分の命をどのように使うかを決めています。人によっては、命を使う目的を使命と呼びます。あなたの人生の使命は、一体何でしょうか？

私は人生というのは、自分の好きなように生きていくのがいいと思っています。

「これをやり遂げなければ、自分は不幸になる！」

「これをやらなければ、幸せになれない」

このように思う人生ほど、不幸なものはないでしょう。

私は以前、人生というのは何か素晴らしいことを成し遂げなければならないと思っていました。大きな会社をつくるなどの偉業を残さなければ、生きている意味がないと思っていたのです。

そうした考えは、雰囲気にも出ます。自分が心からは望んでいない目標に向かうことで、フラストレーションがたまっていたのでしょう。決して幸せを感じていない表情をしていたので、仕事でもプライベートでもモテることはありませんでした。

私たちの人生には、成し遂げるべきものというのはありません。前述したように、幸せは今この瞬間にしか感じることはできません。幸せであるかどうかと何かを成し遂げるかどうかというのとは関係がないのです。そのときに目に映る景色を楽しみながら生きるというのは本当に素晴らしい生き方だと思います。

ただし、ただなんとなく生きるというのとは、異なります。

どのようなかたちであれ、本人があくまで「自分はこのように生きる」と使命感を持っている場合に、幸せな人生が歩めるのです。

「使命」とは、誰にでもいくつかあるのだと思います。

ですがあえて1つ挙げるとすれば、それは「あなた自身が幸せになること」だと考えています。

自分が幸せになるためには、どうすればいいのか？　とあなたもきっと、真剣に考えたことがあるでしょう。

漂うように生きることが幸せであれば、それでいいのです。
何かをやり遂げたければ、それでもいいのです。
その過程がどれもあなたにとって幸せを感じることであれば、何も問題はありません。
「あなたが幸せを感じることこそが使命だ」と私は考えます。

モテる男は、普段から使命を考えながら生活しています。

例えば先ほどの「自分自身を幸せにすること」ということを使命の1つとしているのであれば、幸せになれないことはできるだけしません。反対に言えば、彼らの人生の多くの時間は幸せで彩られています。日常生活において彼らの表情はイキイキとしているので、自然とモテるのです。

結婚相手を選ぶときにも「もういい歳だから」「世間体が気になるから」といった理由ではなく、「ずっと一緒にいたいから」「この人といる時間に命を使いたいから」といった理由で選びます。嫌われる男は前者の理由で結婚相手を選んでしまうため、そこに幸せはありません。

使命というのは、辞書を引くとどれにも「任務」「役割」「責任を果たすべきこと」などと書いてあります。

あなたがまず何よりも最初にやるべきことは、「あなた自身が幸せになること」なのです。

「いや、自分のことは後回しでいい。それはエゴだし、自己中心的なことだ」と考える人もいるかもしれません。

他者に対して何かをすることが、あなたの幸せになるということもまた事実です。

ですが、どれだけ他者の幸せになるようなことをしたとしても、100％相手が喜ぶことというのはありません。どんな場合でも、逆効果になることはあります。

確実にあなたができることは、何よりも優先して自分の人生を考え、幸せになることです。

他者に対して何かを与えるというのは、それからでも決して遅くはありません。

46 モテる男は、自分の幸せを知っている！

47

モテる男は「立体」で考え 嫌われる男は「平面」で考える

他者に対してもそうですが、物事を立体で見られる人は魅力的なものです。

立体で見るとは、「こういう見方があるんじゃないか?」「逆から考えるとどうだろうか?」と、多方面から物事を見て、新しい意味づけを行うことです。

一見すると何か悪いことが起きたとしても、このように立体で物事を考えて生きられる男は、目で見えることだけにとらわれません。


これに対して平面で生きてしまうと、ただ目の前のことに反応して生きることになってしまいます。

「相手が笑顔を見せたから、きっと喜んでくれたのだろう」と好きな女性に対して、善意でやるからいいだろうとばかりに自分で買ったプレゼントを押しつける……。

これは本当は迷惑だったかもしれないという視点が抜けています。

こういったことは、平面で生きることの弊害です。

起きた物事を違う視点で見ることをしないので、浅い人間だと周囲にも思われてしまいます。

あなたがもし、ある物事を1つの視点でしかとらえていないと思うのであれば、要注意です。

一方、モテる男は物事を、しっかりと立体的にとらえます。

先ほどのプレゼントの例でいえば、相手が笑顔だったとしても表面的に受けとめません。必ずあげるときに「本当に心から喜んでもらえただろうか？」と相手を観察します。

どことなく空気感から喜んでいないように感じたら、「次はもっとリサーチをして、喜んでもらえそうなプレゼントを渡そう」と改善しようとするのです。

例えば相手の生活習慣や、似たようなライフスタイルを送る人が喜ぶ、プレゼントのランキングをもっとチェックしてみる。業界の人しか知らない、専門店にある限定品を手に入れておくなど。より一層喜んでもらえそうなものを探してみます。

もしくはプレゼントをもらうこと自体に気が引けてしまうタイプかもしれないと考え、

ものをあげるよりもどこか行きたい場所に連れて行ってあげるなどを考えます。

このように立体的に考えれば、相手により高い満足を感じてもらえるような行動を選択できます。

そのような思慮深い行動をとってもらえた人は、自然と相手に好感を持つでしょう。

なぜなら嫌われる男にはない、モテる男独特の「本当に心から喜んでもらいたい」という自分への愛を感じるからです。


とはいえ、人間には分野によって得手不得手があります。ある分野に対してはさまざまな角度で考えられる思考の持ち主でも、人間関係ではそうではないという場合もあるでしょう。

それであれば、あなたよりもその分野が得意な人に、アドバイスを求めてみる。これもまた、立体的な生き方です。

ここで「いや、俺はすべての分野で万能なんだ」と誰にもアドバイスを求めないのは、平面というよりむしろ「点」の生き方でしょう。誰かとの線すらできないので、孤独な生き方となってしまいます。

仕事も、プライベートも、すべてを立体で生きてみる。それはつまり、立場や職業に関係なく相手を尊重し、相手とのつながりを感じることです。

何か物事を考える際にも同様で、一見関係のないことにヒントを見出すのも、立体的な思考の成せる技でしょう。

目の前の問題から、自分の生き方について、たまには横から、後ろから、下から上からと、角度を変えて考えてみてはどうでしょうか？

47 モテる男は、さまざまな見方を持っている！

48

モテる男は「素」を出し 嫌われる男は「身の丈以上か以下」に見せる

人はどうしても、自分をより大きく見せようとしてしまう生き物です。ある程度は仕方ないですし、それが人間というものでしょう。

また場合によっては、自分は本来の自分以下に見せようとすることもあります。謙遜が美とされる日本では、よくある現象かもしれません。

しかし私たちが最も魅力的に思うのは、素を見せてくれて、自分をそれ以上にもそれ以下にも見せようとしない人です。


例えばみえを張って自分を大きく見せたとしても、その嘘はいずれバレてしまいます。高級な洋服を着ていても、自宅に行くと実はそこまで立派な家ではなかった……。年収を高めに見せたくて、洋服だけ身の丈以上のものを着た男性が、女性からガッカリされるときに起こりやすいパターンです。嫌われる男の典型的な例ともいえます。

今の自分ができる精一杯の工夫されたオシャレで清潔感を出していれば、好感が持てますし、ガッカリされることもなかったでしょう。

モテる男はまさに、背伸びをせずに等身大の自分を相手に見せるのです。女性も自然体の男性の姿を見れば、「自分も自然体でいいんだ」と感じることができます。

頑張ってオシャレをすることもたまにはいいのかもしれませんが、そればかりだと疲れるでしょう。デートで行くお店だって、いつも高級なお店ばかり行くのは現実的ではありません。

私の知り合いに、お金がないときには「ごめん、いま懐が寂しいんだよね」と可愛く言える男性がいます。

その男性は、無理に高い洋服を着ようともしません。そんな彼の自然体な感じが、女性には「ほっ」とさせるものがあるのでしょう。彼は洋服やデートにお金をかけなくとも、会う女性のハートをゲットしています。

また、本人としても無理してハイブランドのものを着るよりも、落ち着いて女性と接することができるでしょう。もしそれができないのであれば、その人は女性よりも前に自分と向き合う必要があります。

等身大とは、自分ができることとできないことを、しっかりと把握しているということです。

08項でもお伝えしたように、自分のできない部分を認めることができれば、武器にもなります。

ありのままの自分を受け入れている人というのは、他人からすれば「この人であれば、本当の自分を見せられるのではないか」と思ってもらいやすいからです。

反対に謙遜し過ぎると卑屈になってしまい、周囲の人は「なんだか嫌だなぁ」と遠ざけようとします。

何より本人も自分の感じている可能性より低い自分で生きるわけですから、フラストレーションが溜まる一方でしょう。

等身大で生きないということは、どちらに偏っても自分も他人も幸せにはならないということです。

もちろん、常に等身大で生きることができればベストですが、ブレてしまうこともあるでしょう。しかしその都度、「おっといけない」と態度を修正していけばいいのです。

つまり、あなたがモテる男を目指すのであれば、今の自分を認めて、そこからどうするのか？が重要になります。

48 モテる男は、自分をよく見せようと思わない！

49

モテる男は「好かれることを考えず」嫌われる男は「好かれることばかり考える」

「好かれることを考えずに、どうやって好かれるのか？」

あなたがこの項のタイトルを見て、疑問に思うのももっともな話です。

しかし、これまでの内容を思い返してみれば、至極まっとうなことであることも、納得していただけると思います。

私の知り合いのモテる男は、まさにこの「好かれることを考えない」というのを本当に体現しているような人物です。彼はありのままに行動し、ありのままに言葉を発します。

実は以前の彼は他人に好かれようとして、他人が望む言葉や行動ばかりとっていたそうです。彼は頭がいいので、他人が何を望んでいることをすぐに察知できましたから、経営しているビジネスも成功していました。

しかし、心の底では「本当の自分はこうじゃない」という不満がどんどんと蓄積。結果、成功しているのに全く幸せを感じないという状態になりました。

例えば、彼はあまり飲みに行くのが好きではありませんでした。誰かとわいわい飲むよりも、1人で静かに飲む方が好きだったのです。

仕事上の付き合いということで仕方なく誘われれば参加していましたが、「これも仕事だから……」という理由で飲むお酒は美味しくなく、お酒自体も嫌いになりそうでした。

「このままではいけない！」と思った彼は、他人が望んでいる自分を演じるのはやめて、自分が思うように話し、行動するようにしたそうです。

「あの人は変わってしまった」と彼のもとを当初は去る人もいたそうです。ビジネスも一時的には傾きました。

しかし時間が経つと、仕事だからと無理してお酒を飲まず、自分らしい幸せを追求している今の彼の方が好きだという人が増えたそうです。

ビジネスも以前より繁盛し、「好かれることを考えない方が、結果としては好かれるようになった」と言います。

これに対して嫌われる男は、以前の彼のようについ「好かれる自分」を演じてしまいます。

そうした演技にも無理があるので、ある時点でその演技はバレてしまうでしょう。周囲の人間のガッカリした気持ちといえば、演技していた分だけの落差があります。嫌われる男にすればそれはまるで、好かれるために払ったコストを後で一括払いをさせられるような感覚でしょう。

それであれば前者のモテる男性のように、自分の好きなように行動した方が自分や周囲にとってもいいというものです。

もちろん、他者が何を考えているか、また感じているかを察知する能力を伸ばすこともいいでしょう。そうした才能に恵まれている人にしかできないこともあると思います。顧客に喜んでもらうサービス業などでは特に、重宝するでしょう。

しかし、他人の顔色ばかりうかがって、よりよい人間関係を築けないのであれば本末転倒です。

私はあなたが幸せなら、他者から嫌われてもいいと思います。一定数の人には常に嫌われると思いますし、万人に好かれる必要もありません。

不思議と、私自身も自分のことを好きになってから、以前よりも周囲に私を好きになってくれる人が増えたように思えます。

もしかすると、私が気づかないだけで、最初から私はまわりの好意を受けていたのかもしれません。しかしいずれにせよ、好かれるためだったり、嫌われないために自分自身を好きになったことではないのは事実です。

ぜひ一度試しに、好かれることについて考えることを捨ててみてください。

49 モテる男は、他人の顔色をうかがわない！

50

モテる男は「愛したい」と思い
嫌われる男は「愛されたい」と思う

ここまで読んでくださったあなたは、「まずは自分を好きになることで、結果的に他人からも好かれるんだ」という考えに至ったでしょう。

それであれば、そこからどうするかが問題になるかと思います。

仕事でもプライベートでも、他人から以前より好かれるようになった。

それからあなたは、どうするでしょうか?


多くの人は自分が満たされたあとにも、さらなる幸せがあるのではないかと考えます。

それでは、あなたにはどんな幸せが、この先にあると思いますか?

仕事、才能、恋愛、お金、学び、遊び、精神性、生き方……。

ここまでのページの中に、言葉を換えてたくさんのヒントがあったかと思います。

少し本を置いて、考えてみましょう。もちろん、行き着く結論は、人それぞれです。

しかしそれでも、高い確率で1つの結論に行き着きます。

私が思うに、それは「他人を愛すること」です。

仕事を通して、才能を活かして、パートナーシップにおいて、家族に対して……。

あなたの愛を表現する場所や機会は、無限にあります。方法やかたちに決まりもありませんから、これが正解というのはありません。


もしあなたが今以上の幸せを感じたいのであれば、次は「他人を愛すること」を実行してみてください。相手から返ってくる反応は、あなたが望むものとは違うかもしれませんが、それ自体は仕方のないことです。

コツは、「他人を愛すること」自体を楽しむことです。つまり、相手が喜んでも喜ばなくても、楽しいと思えることが前提です。

楽しむためには、あなたの才能を活かし、あなた自身が納得できるように、あなた自身から発信するという流れを汲んでいる必要があります。

例えば私自身であれば、コラムやコーチングを通して情報を発信しています。しかしコラムでは読んでくれる相手の顔が見えません。そのため自分が他人の役に立っているという感覚を持てず、コラムを書くことをしばらく休んでいた時期がありました。すると、どうにも落ち着かず、「何かを忘れているぞ?」という感覚になりました。しだいに自信もなくなり、堂々と人と話すこともできなくなってきました。服装も荒れて、知り合いには「その格好だとモテないよ」と言われる始末です。自分の中の読者に届けられなかった感情が溜まり、そのまま外見やセルフイメージにも影響していたのです。

同業の友人に相談すると「自分も才能を活かせる仕事をしていないと落ち着かない」と言っていました。

しかも彼の場合、才能を活かした仕事をしたときの方が異性から断然モテると言います。自分の中にある相手への想いを外に出すことは、その人の魅力につながるのでしょう。

彼の言葉を聞いて私は、「コラムの執筆によって読者への想いを外に出すことを、純粋に身体と心が求めているんだ」と理解しました。コラムを書くことを再開すると、次第にセルフイメージが改善され、服装や話し方も元に戻っていきました。

それ以来、私は、読者にメッセージが届き、読者の人生で少しでも役に立つイメージをしながらコラムを書くことで、深い愛をもらっています。

もしあなたの心に何かしらの傷があり「他人を愛しても、幸せにはならない」と考え、あなたなりの「他人を愛すること」を諦めてしまうのは、非常にもったいないことです。

もしあなた自身が愛する方法を楽しいと感じていたら、恐らく「やめよう」と口では言っても、どこか諦めきれない気持ちにウズウズするでしょう。

モテる男は、見返りがなかったとしても、自分の中にある愛をどんどんと外に出していく人です。

他人を愛して一度でも幸せを感じた人は、それを完全に諦めて忘れることはできません。

「他人を愛すること」でもたらされる幸せは、それほどに強いのです。

50 モテる男は、愛することを楽しむ！

おわりに

「はじめに」でもふれましたが、本書を読んだだけではあなたの日常に変化は起きません。仕事面では上司や同僚、プライベートでは女性から好かれるようになるには、たくさんの努力が必要です。

本書で紹介した知識を、ぜひ1つでも実行してみてほしいと思います。

私にとっての人生の大きなターニングポイントは、心理学とコーチングに出会えたことでした。人の心を扱うこの分野は、学べば学ぶほど「まだまだ知らないことが多いなぁ」と思うばかりです。

このように、人から好かれるためには、この先ずっと学び続けていく必要があります。

ちょっと知識をつけたぐらいだったり、小手先のテクニックでは、決して変化は起きません。モテる男を見てきた中で、そう強く感じてきました。

究極的には、モテる男が持っているのは優れた「習慣」であり「生き方」なのだと思います。それは1日で身につくものではなく、何気ない日々の生活で切磋琢磨されていくものように感じます。

ですから、**学んだ考え方や振る舞いを習慣にするために、本書は一度ではなくぜひ何度も読み返してみてください**。時間がなければ、パラパラッと眺めてみるだけでも大丈夫です。そして「ここはできていなかったな」と思った日々の習慣を修正していきましょう。


本書をきっかけに、あなたの人間関係が少しでも豊かになれば幸いです。

もし「もっとヒントが欲しい」という方は、私の公式ホームページや巻末にある特典ページを訪れてみてください。

本書に載せきれなかった心の学びやコーチングについて、お伝えできればと思います。

インタビューに答えていただいた多くの素晴らしい友人や、参考にさせていただいたかつての上司や師などたくさんのモテる男性に、この場を借りてお礼を言いたいと思います。

最後に、あなたの人間関係における成功を、心から祈っています。

今井翔

本書をお読みの皆さまへ 特別プレゼント

「３大特典」を無料でプレゼントいたします！

◆ あなたの魅力を引き出す！ 実際に著者が使っているコーチングメソッドを大公開
◆ 男女関係に変化を起こす３つのヒント
◆ ブレない「自信」が身につく７日間メール講座

無料登録でその場でプレゼントいたします！

↓詳しくはこちらへ
http://www.imaitsubasa.com/sp/

QR コードでも気軽にアクセスできます！

◆ お問い合わせ先 ◆

【LOVE IS ALL】
主宰：今井 翔
公式 Web：http://www.loveisall.jp
Mail：info@loveisall.jp

＊特別プレゼントは、予告なく終了する場合がございます。ご了承ください。

■著者略歴
今井　翔（いまい　つばさ）
LOVE IS ALL 主宰。
執筆家、講演家。
恋愛・パートナーシップに関する人間関係の専門家。

大学では心理学を専攻。大学卒業後も継続して心理学やコーチングを学び、婚活サービスに関する企業に勤務。コーチングスキルを使い、わずか1年で営業課長に昇進した。
現在は、恋愛・婚活の悩みを解決するサイト LOVE IS ALL を立ち上げ、個人コンサルティングや講演会により、パートナーの見つけ方、関係性の深め方についてコーチングをしている。クライアントに合った方法を提案し、半年以内にパートナーを見つけて入籍するなどの成功例が続出し、相談件数は前職を含め男性だけでも300件超え。本質を大切にした、独自のアドバイスに定評がある。
また、All About などの大手メディアにおける執筆や、大手結婚相談所の会報誌や雑誌掲載、自治体や出版社での講演などの実績も多数。

本書の内容に関するお問い合わせ
明日香出版社　編集部
☎(03) 5395-7651

「モテる男《おとこ》」と「嫌《きら》われる男《おとこ》」の習慣《しゅうかん》

2017年　5月　26日　初版発行
2019年　9月　20日　第15刷発行

著　者　今《いま》　井《い》　翔《つばさ》
発行者　石　野　栄　一

明日香出版社
〒112-0005 東京都文京区水道 2-11-5
電話 (03) 5395-7650（代 表）
(03) 5395-7654（FAX）
郵便振替 00150-6-183481
http://www.asuka-g.co.jp

■スタッフ■　編集　小林勝／久松圭祐／古川創一／藤田知子／田中裕也
営業　渡辺久夫／浜田充弘／奥本達哉／横尾一樹／関山美保子／藤本さやか／南あずさ　財務　早川朋子

印刷　美研プリンティング株式会社
製本　根本製本株式会社
ISBN 978-4-7569-1903-8 C0036

ISBN978-4-7569-1753-9

「稼げる男」と「稼げない男」の習慣

松本　利明

B6判　224頁　本体価格1500円＋税

外資系企業で人事コンサルをしてきた著者が、今まで多くの人を見てきた中でわかった、成功を収めている人、失敗してしまう人の特徴を、エピソードを交えて紹介します。

仕事のやり方や考え方からライフスタイルまで解説。